思想学术系列

训诂学史话

A Brief History of Exegetics in China

周信炎 / 著

社会科学文献出版社
SOCIAL SCIENCES ACADEMIC PRESS (CHINA)

图书在版编目（CIP）数据

训诂学史话/周信炎著. —北京：社会科学文献出版社，2011.8

（中国史话）

ISBN 978-7-5097-2580-1

Ⅰ.①训…　Ⅱ.①周…　Ⅲ.①训诂-汉语史　Ⅳ.①H13

中国版本图书馆 CIP 数据核字（2011）第 143724 号

“十二五”国家重点出版规划项目

中国史话·思想学术系列

训诂学史话

著　　者／周信炎

出 版 人／谢寿光
总 编 辑／邹东涛
出 版 者／社会科学文献出版社
地　　址／北京市西城区北三环中路甲 29 号院 3 号楼华龙大厦
邮政编码／100029

责任部门／人文科学图书事业部（010）59367215
电子信箱／renwen@ ssap. cn
责任编辑／赵子光　赵　亦
责任校对／李　惠
责任印制／岳　阳
总 经 销／社会科学文献出版社发行部
　　　　　（010）59367081　59367089
读者服务／读者服务中心（010）59367028

印　　装／北京画中画印刷有限公司
开　　本／889mm×1194mm　1/32　印张／5.75
版　　次／2011 年 8 月第 1 版　　字数／105 千字
印　　次／2011 年 8 月第 1 次印刷
书　　号／ISBN 978-7-5097-2580-1
定　　价／15.00 元

总 序

中国是一个有着悠久文化历史的古老国度，从传说中的三皇五帝到中华人民共和国的建立，生活在这片土地上的人们从来都没有停止过探寻、创造的脚步。长沙马王堆出土的轻若烟雾、薄如蝉翼的素纱衣向世人昭示着古人在丝绸纺织、制作方面所达到的高度；敦煌莫高窟近五百个洞窟中的两千多尊彩塑雕像和大量的彩绘壁画又向世人显示了古人在雕塑和绘画方面所取得的成绩；还有青铜器、唐三彩、园林建筑、宫殿建筑，以及书法、诗歌、茶道、中医等物质与非物质文化遗产，它们无不向世人展示了中华五千年文化的灿烂与辉煌，展示了中国这一古老国度的魅力与绚烂。这是一份宝贵的遗产，值得我们每一位炎黄子孙珍视。

历史不会永远眷顾任何一个民族或一个国家，当世界进入近代之时，曾经一千多年雄踞世界发展高峰的古老中国，从巅峰跌落。1840 年鸦片战争的炮声打破了清帝国“天朝上国”的迷梦，从此中国沦为被列强宰割的羔羊。一个个不平等条约的签订，不仅使中国大量的白银外流，更使中国的领土一步步被列强侵占，国库亏空，民不聊生。东方古国曾经拥有的辉煌，也随着西方列强坚船利炮的轰击而烟消云散，中国一步步堕入了半殖民地的深渊。不甘屈服的中国人民也由此开始了救国救民、富国图强的抗争之路。从洋务运动到维新变法，从太平天国到辛亥革命，从五四运动到中国共产党领导的新民主主义革命，中国人民屡败屡战，终于认识到了“只有社会主义才能救中国，只有社会主义才能发展中国”这一道理。中国共产党领导中国人民推倒三座大山，建立了新中国，从此饱受屈辱与蹂躏的中国人民站起来了。古老的中国焕发出新的生机与活力，摆脱了任人宰割与欺侮的历史，屹立于世界民族之林。每一位中华儿女应当了解中华民族数千年的文明史，也应当牢记鸦片战争以来一百多年民族屈辱的历史。

当我们步入全球化大潮的21世纪，信息技术革命迅猛发展，地区之间的交流壁垒被互联网之类的新兴交流工具所打破，世界的多元性展示在世人面前。世界上任何一个区域都不可避免地存在着两种以上文化的交汇与碰撞，但不可否认的是，近些年来，随着市场经济的大潮，西方文化扑面而来，有些人唯西方为时尚，把民族的传统丢在一边。大批年轻人甚至比西方人还热衷于圣诞节、情人节与洋快餐，对我国各民族的重大节日以及中国历史的基本知识却茫然无知，这是中华民族实现复兴大业中的重大忧患。

中国之所以为中国，中华民族之所以历数千年而不分离，根基就在于五千年来一脉相传的中华文明。如果丢弃了千百年来一脉相承的文化，任凭外来文化随意浸染，很难设想13亿中国人到哪里去寻找民族向心力和凝聚力。在推进社会主义现代化、实现民族复兴的伟大事业中，大力弘扬优秀的中华民族文化和民族精神，弘扬中华文化的爱国主义传统和民族自尊意识，在建设中国特色社会主义的进程中，构建具有中国特色的文化价值体系，光大中华民族的优秀传统文化是一件任重而道远的事业。

当前，我国进入了经济体制深刻变革、社会结构深刻变动、利益格局深刻调整、思想观念深刻变化的新的历史时期。面对新的历史任务和来自各方的新挑战，全党和全国人民都需要学习和把握社会主义核心价值体系，进一步形成全社会共同的理想信念和道德规范，打牢全党全国各族人民团结奋斗的思想道德基础，形成全民族奋发向上的精神力量，这是我们建设社会主义和谐社会的思想保证。中国社会科学院作为国家社会科学研究的机构，有责任为此作出贡献。我们在编写出版《中华文明史话》与《百年中国史话》的基础上，组织院内外各研究领域的专家，融合近年来的最新研究，编辑出版大型历史知识系列丛书——《中国史话》，其目的就在于为广大人民群众尤其是青少年提供一套较为完整、准确地介绍中国历史和传统文化的普及类系列丛书，从而使生活在信息时代的人们尤其是青少年能够了解自己祖先的历史，在东西南北文化的交流中由知己到知彼，善于取人之长补己之短，在中国与世界各国愈来愈深的文化交融中，保持自己的本色与特色，将中华民族自强不息、厚德载物的精神永远发扬下去。

《中国史话》系列丛书首批计200种，每种10万字左右，主要从政治、经济、文化、军事、哲学、艺术、科技、饮食、服饰、交通、建筑等各个方面介绍了从古至今数千年来中华文明发展和变迁的历史。这些历史不仅展现了中华五千年文化的辉煌，展现了先民的智慧与创造精神，而且展现了中国人民的不屈与抗争精神。我们衷心地希望这套普及历史知识的丛书对广大人民群众进一步了解中华民族的优秀文化传统，增强民族自尊心和自豪感发挥应有的作用，鼓舞广大人民群众特别是新一代的劳动者和建设者在建设中国特色社会主义的道路上不断阔步前进，为我们祖国美好的未来贡献更大的力量。

陈奎元

2011年4月

作者小传

周信炎，广西桂平市人。1982 年考入北京师范大学中文系，1987 年本科毕业，在本校继续攻读训诂学专业研究生。1990 年进入中国社会科学院语言研究所工作。现为中国测绘报社编辑、记者。主要著作有《传统语言学辞典》(合著)、《古汉语虚词词典》(合著)，主要论文有《论〈说文系传〉的因声求义》等。

目录

一 训诂学的萌芽——先秦

1 训诂及其起因

本书要讲的，是我国传统学科之一——训诂学的发展史。首先，我们向大家介绍一下究竟什么是训诂。

一提起“训诂”二字，有些读者朋友可能会感到陌生，然而，只要是对传统语言学略有了解的人就会知道，在传统语言学即“小学”中，训诂是与文字、音韵鼎足而立的一个重要部门。训、诂二字最初是单用的，连起来用，始见于汉代毛亨的《毛诗诂训传》，“诂训”即是训诂，在古代就有把《毛诗诂训传》称为《毛诗训诂传》的。此后，“训诂”一词基本上就定型了，如在《汉书·儒林传》中就曾多次出现，它实际上已经成为学科名称。“训诂”就是解释，凡是用语言解释语言在古代都叫训诂。唐代小学大师孔颖达说：“诂训传者，注解之别名。”又说：“诂者古也，古今异言，通之使人知也。训者道也，道物之貌以告人也……然则诂训者，通古今之异辞，辨物之形貌，则解释之义尽归于此。”（并见《毛诗正义》）。无论是用今语解释古语，用通语解释方言，还是用通俗易懂的话解释难懂的话，都属于训诂的内容。用今语解释古语，是训诂的重点；对文献中的词义语义进行训释，则是训诂最基础也是最主要的工作。

按其性质的不同，训诂大略可以分为三个种类：正文体训诂、传注体训诂和专著体训诂。正文体训诂一般指存在于先秦典籍的正文之中的语言解释现象，是训诂萌芽时期的形式。尽管后世的典籍中也时有这种形式的训诂出现，但跟后两种训诂比起来，它已经显得微不足道，人们在谈到训诂时很少包含到它了。传注体训诂指为了让人们读懂典籍而对它们进行专门的注释，即传、注、笺、疏之类，这一类训诂兴盛于汉朝。专著类训诂指不是针对某一种典籍，而是针对字词本身而进行的训释，较突出的例子如西汉扬雄的《方言》及东汉许慎的《说文解字》、刘熙的《释名》等。这一训诂类型的兴起也是汉朝及汉朝以后的事，它标志着我国训诂学的产生。

训诂既是用语言解释语言，那么我们不禁要问：同一种语言文字，为什么还需要训诂？尤其是有时候人们面对的并不是古代而恰恰是当代的语言，也同样需要进行解释，这又是何道理？

其实非常简单，首先，人们在交际中为了准确表达自己的意思，需要对自己所说的词语加以解释；其次，为了科学地认识事物，也需要对语言作精密的分析，下一个准确的定义。这两点，实际上也是训诂产生最直接的原因。

但是，如果我们从全局的眼光来看，即从训诂的总体来看，训诂的产生还有更为重要的原因，这就是语言的发展性和变异性，即语言（这里当然是指汉语）由于时间和地域的不同而出现的差异。我国历史悠久，各种典籍浩如烟海，源远流长，且不说传说中的《三坟》、《五典》、《八索》、《九丘》，就是我们今天还能看到的《尚书》，也已经有三千多年的历史了。和世界上的其他事物一样，语言处在不停的变化发展之中。随着时光的流逝、地域的变迁，语言会呈现出不同的面貌。一般说来，在经过五六百年之后，语言的语音、词汇、语法，甚至文字上的形体兴废、正字假字的习用等等，都会发生较为明显的变化，以致引起阅读上的困难。西周初期的作品，到了战国时已有很多人读不懂，很多年前妇人孩子天天挂在嘴边的话，后代的大学者们毕生钻研都未必能完全弄通，这就是时间的力量。很明显的事实是，孔子在教授学生的时候，讲授《诗》等古代经典已经是很重要的内容，无疑地，讲解疑难词句是其最基础的工作。孟子在引述古人的话时，有时是边引述边解释的，这些解释，有的固然是阐发思想的需要，但也有的是析疑的需要。《国语·周语》中记载，晋大夫叔向到周王室去朝聘，周的卿士单靖公设宴招待，谈到喜欢《诗经·周颂·昊天有成命》这首诗。在叔向返国的时候，单靖公的家臣去送行，叔向就向这个家臣详细讲解了这首诗，讲解中包括了词、句和诗旨。这段解释可以看作是很成熟的训诂了。被认为是训诂开山之作的《毛传》就有许多条例渊源于此。可见，先秦时人在阅读更古老的文字时，理解起来已经有一定困难，需要进行训释了。

大家都知道我国现在有许多方言，而且各方言之间的差别很大。北方人很难听懂南方话，如粤方言、闽方言等，就是南方讲不同方言的人，相互之间也几乎无法交谈。方言之间的差别，我们首先感觉到的自然是语音的不同。事实上，不单是语音，就是词汇甚至语法都有许多差异。同一个物品，同一种行为，在甲地是这么个叫法，在乙地却可能是另外一种叫法；在山东是这样的称呼，到了山西是另一种称呼，表现出语言的变异性。这种变异性在某种程度上也影响着人们的交际和阅读。方言的差别是不是今天才有的呢？当然不是，许多证据表明，它是古已有之的。北齐颜之推在《颜氏家训·音辞篇》中说道：九州之内的人们，言语不同，自从有生民以来，就已经是这个样子了。这个说法应该是不错的。在《孟子》一书中，不止一次地说到了方言差别的存在，如在《孟子·滕文公下》说：如果一个楚大夫想让自己的儿子学说齐国话，那么，与其找个齐国老师来教，不如把他送到齐国住几年效果好。可见，方言的差别已到了学习时需要求师并创造语言环境的地步了。《滕文公上》又说楚人许行是“南蛮鴃（音 jué）舌之人”，骂他的口音难听。方言的分歧势必会影响到人们的交际，给交际带来困难。《尹文子·大道下》讲述了这么一件事：郑人称没有经过琢磨的玉为“璞”，周人称没晒干的鼠为“璞”。郑人到周地经商，周人问道：“你想买璞吗？”

郑商以为说的是璞玉，表示要买。等取出来一看，却原来是只鼠。方言分歧的影响不仅表现在日常交际上，也表现在一些典籍上，需要用训诂的手段去沟通。

总之，语言的发展性和变异性是训诂产生的最重要的原因。当然，语言的古今差异与地域分歧并不是可以截然分开的，恰恰相反，这二者有着千丝万缕的联系。有时候，语言的地域分歧往往就是语言的古今变异的痕迹，或者说是语言的古今变异的投影，语言的古今变异可以从地域变异中找到某些凭据。比如现在的方言中的某些词语，也许正是古人的常用语。因此，在某种程度上说，语言的发展性和变异性是统一的。这样，我们就更能理解清朝人陈澧关于训诂起因的精彩论述，他在《东塾读书记》中说道：时间上有古有今，就像空间上有东西南北，相隔远了语言就不同了。空间隔得远就有了翻译，时间隔得远就有了训诂。有翻译就能使不同国家的人们像乡邻一样交流，有训诂就能使古今像早晚一样没有语言隔阂。

另外，儒家提倡“正名”以及因先秦时期诸子间的论辩而兴起名学，由于它们导致了一系列语言理论和方法论的研究，比如语言的性质、发展以及声义关系等，因此，它们从某种程度上对训诂的兴起起了间接的促进作用。先秦时期文献的大量产生，教育的发达，也从不同程度上促进了训诂的产生，《说文解字·叙》说：“周礼八岁入小学，保氏教国子先以六书。”（保氏：等于说老师。国子：指学校里的贵族子弟。）这就开始了分析汉字形、音、义关系的教育，而这正是训诂学的基本内容。《礼记·学记》上也记载说：子弟入学校学一年之后就应该能够断开文章的句读并审明其思想内容。无论是分析汉字还是解读经典，都需要运用训诂的手段。这就进一步推动了训诂的产生和发展。

先秦训诂的几种体裁

从上一节里我们可以看到，在先秦阶段已经出现了不少训诂的事实。如果说这个时期是训诂的萌芽阶段，这应该是不成问题的。这个时期丰富的训诂资料都是蕴存在经典的原文之中，是正文的有机组成部分，由于它们以一种特殊的表达方式存在于正文之中，因此有时易被人们忽视。实际上，存在于典籍正文中的这些诠释文字，正是训诂方法的开端，具有不容抹杀的价值。比如《周易·说卦》："离也者，明也。"《周易·序卦》："恒者，久也。"《论语·颜渊》："政者，正也。"《孟子·离娄》："泄泄犹沓沓也。"等等。春秋战国时期，《诗》、《书》、《礼》、《易》、《春秋》等书都已被尊为经典，人们在说话行文时引经据典成为时尚，并且在引述经典时往往随时加以解释。这些解释，有的是总释经典大义，如《左传·僖公二十七年》："《诗》、《书》，义之府也。"有的是分析篇章句意字词，如上面提到的叔向对《诗·周颂·昊天有成命》的解释。《昊天有成命》一诗很短，是这样写的："昊天有成命，二后受之，成王不敢康。夙夜基命宥密，于缉熙亶厥心，肆其靖之。”叔向解释道：

> 是道成王之德也（按：这句释诗旨，即主题）。成王能明文昭，能定武烈者也（按：这句是对诗旨的补充说明）。夫道成命者而称是天，翼其上也。二后受之，让于德也。成王不敢康，敬百姓也（按：这是释诗前三句句义）。夙夜，恭也。基，始也。命，信也。宥，宽也。密，宁也。缉，明也。熙，广也。亶，厚也。肆，固也。靖，和也（按：这是释后三句的字词）。其始也，翼上德让，而敬百姓（按：这是结合了诗的头三句的解释后的概括）。其中也，恭俭信宽，帅归于宁；其终也，广厚其心，以固和之（按：这是结合了诗后三句的字词解释后的概括）。始于让德，中于信宽，终于固和，故曰成（这是对诗篇进行具体分析之后的总结）。

典籍正文中还有一些解释涉及政治制度，甚至方言或虚词等内容。

除了这些类型的资料外，还有对典籍专书或篇章的专门解说。先秦时期，对各家经典都开始了一定的解释工作。其内容主要是阐发经义和陈述史实，这也正是传注的早期形式。这些解释有的称为“传”，有的称为“说”，还有的称为“记”、“解”等等，尽管名称不同，但是解释的着眼点是大同小异的。与后世训诂相比，它们显得不是那么严密和富有系统性。现在我们简单地谈一谈这几种体裁。

传：我们在先秦典籍中时常能看到诸如“传不习乎”、“于传有之”之类的词句，可见当时典籍的“传”不但多，而且有地位，是人们学习和说话依凭的对象。“传”是对于经义的述说，古代有六艺之教，六经都有传。《史记》中记载“孔子序《书》传”，说的就是孔子序《尚书》，并录其传。《春秋》有著名的“三传”，各从不同的角度对经文进行阐释。其中的《公羊传》和《谷梁传》直到汉代才记录成书，这里姑且不论。《左传》则在先秦就已成书了。它大体上是以《春秋》为纲，编录史实，集而成书，用史实来给《春秋》作注脚。《仪礼·丧服》中提到《丧服传》，相传是孔子的弟子子夏所作。《周易》有《易大传》，即所谓的“十翼”，是对《易经》的卦象、卦辞的多方面的阐释。

说：说就是说明、解释的意思。作为一种体裁，其实质是作者在著作中为自己作的“传”，即把自己的“经”义再加以阐发和解释。这种“经”、“说”出现在同一书中的情况多见于诸子的作品中。《墨子》中有《经上》《经下》，又有《经说上》和《经说下》，《经说》即是对于《经》的解释。《韩非子》的《内储说》和《外储说》各有“经”和“说”（或作“传”）两部分。“经”在前，先概括地指出所要说明的事理；“说”在后，把“经”文中的历史故事一一叙说。

记：记是记识的意思。唐代小学家孔颖达《记冠义》疏道：“凡言记者，皆是记经不备，兼记经外远古之言。”可见“记”并非专为解释经文而作，和“传”、“说”是不一样的。如《仪礼》十七篇，大多都有“记”文附于篇末。

解：解就是分析。如《礼记》中有《经解》，其内容是分析六经体教。《韩非子》中有《解老》，用法家观点分析解释《老子》经文。《管子》中对《牧民》、《形势》、《立政九败》、《版法》、《明法》等篇，又独立有“解”。“解”也是一种自作的解说。

以上几种是先秦传注体训诂的主要体裁。此外还有一些体裁，如“故”，《国语·周语》中提到《泰誓故》一书，就是对《泰誓》的解释。所有这些体裁，都是着重阐发微言大义，挖掘经文中的具体所指，或给经文提供例证，对于词义训释，则相对较少。在这一点上，它与后代的训诂是大异其趣的。

先秦训诂不但体裁丰富，而且训释的方法尤其是词义训释的方法已经粗具规模。在释词方面，后世训诂的主要手段即形训、义训、声训在这个时期都已大体完备。

所谓形训，即通过字的形体来推求词义。由于古代的汉字具有表意的特点，字形与字义在某种程度上是统一的，因此，通过字形大多可以推求出它所表示的意义。先秦的训诂中也运用了这一方法来进行训释，如《左传·宣公十二年》说“止戈为武”，认为“武”字由止、戈构成，武字的意思即是战胜国在适当的时候能停止干戈。《左传·宣公十五年》说“反正为乏”，又《昭公元年》说“皿蟲为蠱”，都是通过字的结构来释义。尽管文中的旨意并不是要讲解字义，而是通过讲解字义去表达某种思想，它有很大的主观性，但是这种讲解，确实是训诂，用的是形训的方法。

所谓义训，即是仅从意义的角度进行训释或者作出义界，而不考虑词义来源与形义关系。在先秦文献中，这种方法运用得最为普遍。如《周易·丰卦》“丰，大也。”又《系辞》：“易者，象也；象也者，像也。”《仪礼·丧服传》：“菅屦者，菅菲也。”《左传·文公七年》：“同官为寮（僚）。”《孟子·梁惠王下》：“老而无妻曰鳏，老而无夫曰寡，老而无子曰独，幼而无父曰孤。”一般地说，先秦时期的义训还是较为准确贴切的。

所谓声训，即是采用音同或音近的字词来作训释，并从声音线索上寻求词义之间的联系。如《周易·序卦》：“蒙者，蒙也。”《礼记·表记》：“仁者，人也。”《孟子·滕文公上》：“庠者，养也；校者，教也；序者，射也。”《礼记·祭统》：“福者，备也。”等等。声训的运用，在先秦也是十分普遍的。尽管声训作为一种训释方法，其本身的价值不容置疑，然而在先秦，由于它主要还是用作表达思想的手段，因此在运用上难免有时失之于牵强附会，对于同一个字词，不同的人或在不同的地方，其说法会各不相同。但这只能说明，先秦是声训运用的初始阶段，存在粗糙和不精密是正常的（其实，这一方法直到清代才较为精密）。

由此可见，存在于正文之中的正文体训诂由于还处于训诂的萌芽时期，它与后来的传注体训诂和专著体训诂比起来，有自己的特点。首先，它是在行文中为了表达和认识事物的需要而出现的，有些注解现象，实际上就是作者论述问题的一种论据，这是它的特别之处；其次，它的释义在很大程度上是根据自己的表达要求来进行，因而带有较大的主观随意性，无论是声训、义训或形训都是如此。这种特点，既体现了当时训诂的成绩，也体现了其局限。我们就应该而且可以给它们一个合理的评价，不必苛求古人，更不必全盘否定这一时期的训诂实践。

3 先秦训诂的价值及其对后世的影响

先秦时期确实已经有了一定的训诂实践，存在着很多的训诂材料，具有较丰富的体裁和较完备的训诂方法。它的局限和不足是十分明显的，比如：它的体裁和方法都还比较粗略和幼稚，其运用也显得较为随意、简单而无系统性；它都是出现于正文之中，未脱离具体的语言环境，完全是为了实用；训诂的核心——词义的训释还不占主要的地位，术语不多，有时运用得不是十分严格，而且没能产生专门的训诂著作、形成有系统的训诂学科。但是我们不能因此而否定它的价值。先秦是训诂的起源期，可以说，没有先秦的训诂就没有两汉的训诂。先秦时期的很多训诂成说和方法，大多都为后世所采用并发扬光大。比方说，先秦有“同字为训”的体例（如“蒙者，蒙也”），汉代训诂学者继承了此法，但大多数用“异体字”或“古今字”互为训释（如《尔雅·释诂》“于，於也。”）。先秦的声训、义训和形训，直接开创了后世训诂的三条重要道路，汉朝训诂学著作《释名》、《方言》、《尔雅》和《说文》，正是在这三个领域上结出的丰硕成果。总而言之，先秦的训诂虽然较为粗率，但它对后世的影响是深远的。

二　训诂的兴盛和训诂学的形成——两汉

1　训诂兴盛的原因

任何事物的发展变化，其原因不外乎两种：一是内因；二是外因。汉代训诂的兴盛，其内因是语言的发展变化；其外因——也是更为引人注目的原因——则是有政治上和文化上的因素。

语言的发展变化这一点很好理解。到了汉代，语言已经发生了较大的变化，春秋战国时的许多著作，已经不好懂了。要研治前代的经典，训诂是必不可少的手段。尤其是解释词语，更已成为阅读古籍时亟须解决的问题。从汉人的传注中我们不难看出，词语的解释占据了突出的地位，与先秦以阐发经义为主的传注相比已经有了质的区别。由于语言的变迁，对古语和方言的解释变得更为重要。同时，对长期以来的语言文字研究成果进行总结，对大量的随文而释的词义训诂进行归纳和概括，也已显得十分必要。这就是《尔雅》、《方言》、《说文解字》和《释名》这四大训诂专著产生在汉代的重要原因。此外，还有其他诸多方面的语言文字的因素，如文字形体的演变，汉人对音义关系的新看法，音韵学的萌芽等等，都推动了汉代训诂学的发展。

然而，汉代训诂学的形成和发展还有其更为引人注目的原因，这就是政治上和文化上的原因。先谈谈政治上的原因。大家知道，秦始皇在用武力兼并天下以后，并没有把施政重点转变到恢复生产、发展经济和文化上，而是变本加厉地奴役百姓。他大兴土木，造阿房宫，筑万里长城等等，劳民伤财，用刑法强迫老百姓服役，搞得民不聊生。结果，他所做的一切加速了他的灭亡，秦王朝只存在了短短的20多年就在人民的怒吼声中土崩瓦解了。汉高祖刘邦看到了秦朝灭亡的原因。他在统一中国以后，以史为鉴，采取了与民休养生息的政策，致力于发展经济和文化。在长期的战乱后，最重要的文化任务就是搜集前代的文献典籍并加以整理解释。汉惠帝初年，废除了秦始皇颁布的“挟书之律”（藏书禁命），儒学开始传授，经、子都流行起来。但是当时还是黄老、刑名之术占统治地位，加上开国的功臣大多是武将，比较厌恶儒生，因而儒学的发展没有形成气候。汉文帝以后，诸王逐渐强盛，天下逐渐地不安定，再用黄老的政治思想已经统治不了啦，儒学于是抬头，如《鲁诗》、《韩诗》都开始兴盛，但是力量还显得弱小。汉景帝平定七国之乱后，国家的思想建设显得更为迫切，儒、道之争极为激烈。汉武帝起用董仲舒和公孙弘，采纳了董仲舒的意见，以礼治天下，“罢黜百家，独尊儒术”，用儒学为统治工具，经学出现了前所未有的繁荣局面。朝廷开设了五经博士，在京城建立学校，大力提倡和传授儒家学说。《五经》即是《易》、《书》、《诗》、《礼》、《春秋》。一般每经的传授都不止一家，而是有若干家，因此每经所立的博士也就不止一个，五经共设立有十四博士。博士就是国家任命的教授。凡是博士的经说都被定为正经，凡不合博士经说的一概被否定。博士的弟子由各郡县推荐，一旦成为博士弟子可以终身不服徭役，学习成绩优秀的可以做官，因此，许多出身寒微的人由于精通经书而当上了大官。这个措施一下子就把普天下的读书人吸引到儒家经典上来，儒家独尊的地位日益巩固。说经就必须通训诂，这二者是密不可分的，那时著名的经学大师，也就是著名的训诂大师。因此，经学的发展推动了训诂学的发展。这是汉代训诂兴盛的政治原因。

由于朝廷的提倡，经学的兴盛，各种典籍的整理工作势在必行。原来在经过秦火之后，典籍散失，除了医药卜筮、农书外全都亡佚了，博士们所传授的经典并没有传本，都是靠博闻强记的经师们通过口耳相传，一代代地流传下来的。这时，他们就用当时通用的隶书誊录下来。这些博士经就是所谓的“今文经典。”在西汉前期，官方博士所讲授的儒家经学都是今文经。

在汉武帝末年，鲁恭王为了扩充宫室，拆除孔子旧宅，在宅壁中得到《古文尚书》以及《礼记》、《论语》、《孝经》等一部分儒家经典，一共有数十篇，都是用战国时东方六国文字写成的，称为“古文经”。此外，还有河间献王刘德得到的《周官》、《礼》、《礼记》、《孟子》、《老子》等古文经。今文经和古文经从表面上看只是文字书写方式的不同，传本的不同，但是实际上，由于研究者在研究的方法、目的以致对经书本身的看法等一系列根本问题上产生了分歧，而且，随着经师传授源流不同，对经书的解释出现了很大差异，表现出不同的政治观和历史观，因而形成了不同的学派，即今文学派和古文学派。西汉前期，今文经学占统治地位，五经都列于学官，而古文经未能列于学官，只在民间私相传授并逐步发展壮大。如西汉《尚书》多用今文经，但孔安国却研治古文经，传授弟子。西汉后期，刘向、刘歆父子整理秘府文献，研究古文经典，并向汉哀帝提出把古文经《左氏春秋》、《毛诗》、《逸礼》、《古文尚书》列于学官的要求，遭到今文经博士的强烈反对，由此今、古文学派展开了长期激烈的斗争。斗争的实质，说到底就是谁是经学正宗和如何统一经学，即由谁占据经学领导地位的问题。这一斗争，极大地推动了汉朝训诂的发展。下面就对这一斗争做简单的介绍。

汉武帝偏袒今文经学，尤其重视《春秋公羊传》。今文派把孔子看作是政治家，把六经看作是孔子治理天下的学说，所以今文经学偏重于挖掘经中的微言大义，它的特色是注重功利实用，轻视学术。比如研治《易》的施雠、孟喜、梁丘贺，号称能以占卜推知未来；研治《书》的夏侯胜、夏侯建、欧阳生、倪宽，能以其中的《洪范》来辅助皇帝；研治《诗》的申培公、辕固生、韩婴、王吉、匡衡，能以诗篇当谏书；研治《礼》的鲁诸生、贾谊、韦玄成，能以古礼议制度，等等。于此可见，经学完全沦为政治的附庸，首先，儒生们受功名利禄的驱使，在治经中不惜比附引申，以至于琐碎繁杂，一部经书的章句多的有一百多万字，少的也有几十万字。秦延君说《尚书》“尧典”二字，竟达十多万字；说“曰若稽古”四字，也多至三万字。如此繁琐的经说，害苦了学习的人。《汉书·艺文志》形象地说今文经生是“幼童而守一艺，白首而后能言”（年幼时就专攻一经，直到头发白了才敢开口讲经），因此，当时“通人恶烦，羞学章句”，即是说由于今文的繁琐，人们都不愿意学习了。其次，今文经学笃守师法，专主一家，老师所传，弟子所受，一个字不敢有出入，违背师说就得不到任用。如传《易》的孟喜，老师是田王孙。孟喜喜欢吹嘘，诈称田王孙临死时曾传给他一本讲阴阳灾异的书。他的同学梁丘贺揭露说，田王孙死时只有施雠守终，孟喜当时到东海去了，根本没有这件事。汉宣帝听说他私改师法，就不准他做博士。由于今文经学笃守师法，学者只会背诵章句，讲说经义，而不能触类旁通，被讥笑为“俗儒”和“章句之徒”。再次，今文经学大多通过各种手法进行狡辩，甚至强词夺理，在西汉时用阴阳五行附会经义，推论灾异，预知吉凶，东汉后更与谶纬合流，大大增加了迷信的成分（“谶、纬”是预言吉凶得失的文字、图记，多以经义附会，怪诞无稽。）

刘歆提倡古文经得到了王莽的支持。王莽篡位以后，要学周公"制礼作乐与太平"，托古改制。恰巧古文经如《周礼》、《尚书》、《左传》、《毛诗》等便于王莽利用，于是他也支持设立古文经博士，向久已独尊的今文经发起猛烈的进攻，双方的斗争十分激烈。汉哀帝命令刘歆与今文博士讲论经义，今文博士不肯答对。刘歆于是写下了著名的《移让太常博士书》，系统而深刻地批判了今文经学。刘歆博学多才，凡六艺、传记、诸子、诗赋、数术、方技无所不究，在王莽的支持下，他终于依靠政治力量，使古文经学暂时战胜了今文经学，与今文经同立博士。

首先，古文经学把孔子看作是史学家，把六经看作是孔子整理古代史料的书籍定本，所以古文经学者重视语言文字，偏重名物训诂，解释经典，都依循旧文，不凭空臆说，行文简明，它的特色是考证的。其次，古文经学不是那么死守师说，而是能够择善而从，因而他们一般都能兼通数经。如贾逵的父亲贾徽是刘歆的学生，师从刘歆学习《左氏春秋》和《国语》、《周官》，又师从途恽学习《古文尚书》，师从谢曼卿学习《毛诗》，这在今文经学中是难以想象的。再次，古文经学家信古而不趋时，实事求是，排斥迷信，反对谶纬，具有学术上的纯洁性。

光武帝刘秀因为谶纬中有"刘秀当为天子"的话，非常相信谶纬。刘秀即位以后，又废古文经，提倡今文经，并要求今文博士讲谶纬。古文经学又变成私学。

今文经师投其所好，今文经于是谶纬化了。今文经师们假托天命或圣人之言，以谶文牵合经义，随心所欲地解说经书，以求得高官厚禄，因而充满了迷信和骗术，完全丧失了学术上和伦理上的价值，变成了专说灾异祥瑞的宗教巫术。今文经学虽然受到统治者的提倡和保护，但它的衰弱却已经是难以避免的了。

古文经学反对谶纬，不谈怪力乱神，他们提倡校勘，潜心著述，产生了一大批通人大家和解经著作。它虽然是私学，但在民间流传广泛，发展很快，其成就远远超过了官学。东汉的今文经学著作，除了何休的《春秋公羊解诂》以外，都不值一提。古文经学却是大家辈出，著述如林，一经有数家之注，一家兼习数经。如研治《易》的有陈元、郑众、马融、荀爽；研治《书》的有盖豫、周防、孔僖、丁鸿、杨伦、杜林、贾逵、马融；研治《诗》的有谢曼卿、卫宏、郑众、贾逵、马融；研治《礼》的有郑玄、贾逵、马融；研治《春秋》的有颖容、服虔、陈元。古文经学家们在奋发图强的时候，并没有放弃和今文经学的斗争。今、古文学派曾有过好几次大的交锋，最后在马融、郑玄等人的努力下，古文学派终于又推倒了今文学，占据了经学的舞台。

今、古文派的斗争，促使学者们对今文、古文各经都进行详尽而深入的研究，极大地推动了汉朝经学的发展，造就了一大批著名学者，如古文学家中的刘歆、班固、王充、贾逵、许慎、马融、郑玄等（其中马融是地道的古文学家，其余都是以古文为宗，兼通今文)；今文学家中的何休等。古文经学是在与今文经学的斗争中发展壮大起来的，由于古文经学注重语言文字的研究，以名物训诂为主要手段，因而在他们研治和注释群经的过程中，训诂本身也得到了巨大的发展，训诂的体式、方法在解经的过程中日臻完善，训诂学的专著也在古文经学盛行的时代里相继产生，许多著名的经学家如贾逵、许慎、马融、郑玄、何休等同时也是著名的训诂学家。今、古文派的论争，可以说是汉代训诂兴盛的文化上的原因。

2 传注的繁荣和郑玄的训诂学

由于汉代统治者的提倡和实行相关的政策，儒学取得了独尊的地位，读经、通经成了“利禄之路”，于是讲学之风大盛，读书人全都去研读经书。由于经书都比较古老，一般的人没有老师讲解或不依赖注解就难以看懂，因此儒经的传注大量产生。西汉时设立五经十四博士，在古文经学兴起以后，又增补了不少博士。这些经学家尤其是古文经学家们，一边传授弟子，一边著书立说，留下了大量的经书注解的成果。可惜的是，这些极为宏富的典籍绝大部分都已亡佚，今天还能看到的完整的著作已经很少了，《十三经注疏》中属于汉人注的有《诗经》毛传、郑笺，“三礼”郑玄注，《春秋公羊传》何休注，《孟子》赵岐章句等。在西汉时期，注释的对象只限于经部，完整地保留到今天的只有《毛传》。

《毛传》即《毛诗诂训传》，是我国现存最早的传注体训诂著作，也是训诂学史上第一部以词语为重点解释对象的注释著作。它的作者，今人一般认为是鲁人毛亨（称“大毛公”），毛亨传授赵人毛苌（称“小毛公”）。《诗经》传至西汉，分为四家，齐、鲁、韩三家为今文，毛诗为古文。毛诗最为晚出，势力也最小，自汉末郑玄为之作笺，它才大行于世，以后三家诗逐渐亡佚，毛诗成为《诗经》的唯一传本。毛传的内容，包含了解释词义，串解句意，阐发章旨、篇旨，揭示创作手法，标明“兴”体，介绍诗歌的背景材料，阐明语法等等，其重点是解释词义。毛传行文简约，大量采用单字相训即“某，某也”的形式，或以大类名释小类名，或以小类名释大类名，或以今字释古字，或以通行字释非通行字等，存在着严密的体例。它所用的术语，还有诸如“某犹某也”、“某亦某也”、“某谓之某”、“某某为某”、“某某曰某”、“某言某某”、“某，某属”、“某，某貌”、“某，辞也”、“某，叹辞”、“某，某也，一曰某也”等。当然，毛公的训诂体例和术语并非都是独创，而是有其渊源的。他继承和发展了前代学者的成就，把前人分散的训诂体例和术语吸收过来，融会在书中，形成了完整而严密的训诂体系。可以说，《毛诗诂训传》奠定了传注体训诂学的基础。

东汉以后，注释仍然是以经部为中心，但其范围扩大到子部、史部和集部等。经部注解流传到今天的有著名的郑玄《三礼注》、何休《春秋公羊解诂》、赵岐《孟子章句》等（其实《孟子》一书在当时还没有列入经部，列入经部是从宋代开始的）。子史集部注释的有高诱的《吕氏春秋注》、《淮南子注》和《战国策注》、王逸的《楚辞章句》等。此外，《汉书·艺文志》记载的关于《老子》的注解四家五十一篇，现在都已亡佚，贾逵的《国语解诂》和应劭的《汉书集解音义》也见不到完整的本子了。还出现了一批谶纬术数书籍的注释。

汉人的注释，自从《毛诗诂训传》以后，多称为“注”，如郑玄有《三礼注》，后人称他们的注释著作，也多统称为“注”或“传注”；也有对后世影响较大的“章句”。汉人的传注，最重视的是词语的解释。由于时代的局限以及它为经学服务这种本身的性质的局限，两汉传注也时有牵强附会、内容庞杂的倾向，但是作为主流，其精神是实事求是的，而且这种精神一直影响着唐人、清人的训诂实践。

在这个经学极为昌盛的时代，众多的注释家中，郑玄是一个集大成的人物，他的经学成就之高，影响之大，在古代经师中，无人可比。他的学说被后人称作“郑学”。下面着重介绍一下郑玄的训诂学。

郑玄（127～200年），字康成，北海高密（今山东高密县）人。他出身贫寒，年轻时做过乡间小吏——乡啬夫。但他不喜欢做小吏，发愤读书，入太学受业，主要学习今文经学。后又游学各地，博访通人，广泛接触各派学说。33岁以后，又由卢植引见，师从古文经学大师马融，终于博通今文经学和古文经学。他学成东归后，在乡里聚徒讲学，学徒相随常有数百人。

从郑玄70多岁时写给儿子益恩的一封书信中我们可以看到，郑玄无意于仕进，平生最大的志愿，就是整理文化遗产。当时经学今、古文的斗争十分激烈，两派各不相融，相攻若仇，而烦琐的经说层出不穷，郑玄很想把它们融贯起来，取长舍短，自成一家之言。郑玄一生注释了很多古书，几乎整理过从前所有的儒家典籍，数目达六七十种，其中包括大量的经书和少数纬书，对两汉经师之说综括无遗，而又能网罗百家，博稽六艺，证其同异，辨其是非。郑玄在遍注群经时，打破了门户之见，以古文经说为主，又兼采今文经说甚至纬书说，建立了自己的经学体系，巍然成为一代宗师。他的《易注》一通行，施氏、孟氏、梁丘氏、京氏之说就不行了；郑玄的《书注》一通行，欧阳氏、大小夏侯氏之说就不行了；郑玄《诗笺》一行，鲁、齐、韩三家诗就不行了；郑玄《礼注》一行，大小戴之说就不行了。他的众多古书注释，今天保存完好的，只有《周礼注》、《仪礼注》、《礼记注》、《毛诗笺》四部。他的训诂成就，主要表现在他为古书所作的注释中。

郑玄在训诂学上的最大贡献，是继承和发展了因声求义这一方法，通过声音线索探求词义。本来，在先秦早已存在的声训一直沿用了下来，在两汉的传注和训诂专著中都一直在使用，郑玄继承这一方法也是顺理成章的，比如在《礼记·曲礼下》注“妻之言齐也”，《礼记·内则》注“妾之言接也”，用与“妻”声音相近的“齐”来训释，表明“妻”就是与“夫”对等的女性，“妾”用“接”来训释，表明即是接续妻的女性。不过，郑玄在自觉地运用因声求义的时候，并不是简单地继承声训。郑玄生在汉末，离先秦时代越来越久远，加上社会动乱等因素，语言文字已经发生了较为显著的变化，学者们对语言随时世而变异、随地域而有不同，也认识得越来越清楚。郑玄在从事第一部经典即《周礼》的注释时，就已明确提出从声音求训诂的原则，这是他高出前人的地方。这其中有两点是值得注意的。

第一，是在注经中能从声音着眼，经常通过“声类”、“音类”相同、相近的关系，即发音部位或收音部分相同或相近的关系，进行文字通假的分析和说明，这就突破了文字形体的局限。他认为，人们在开始记录语言（也就是经典）的时候，仓猝之间没有找到相应的字，有时就用音近的字代替，只求近似而已。由于受读记录者不止是一个方言区的人，各用自己的方言去读写，于是同一个词，各人写出不同的字；同一个字，各人依照自己的方音表示出不同的词，这就产生了音义不一致的现象，有了本字假借字的分别。郑玄在注经中，十分重视文字通假的分析和说明，往往用本字来改读经籍中的假借字，也就是所谓的“破字”。本来，早在《毛传》的单字相训中，已直接有用本字本训释借字的，如《诗·周南·汝坟》“惄如调饥”，传：“调，朝也。”把“调”改读为“朝”。这其实已暗用“破字”。到东汉初年，郑众对“破字”的道理作了一些探讨，认为古代的经传多由口授，汉代写成文字以后，因记录者不同，所用文字也不能尽同。由此得到启发，郑玄自觉地把“破字”当作注经的利器，在很多地方指明了文字的通假，如《周礼·宫伯》“以时颁其衣裘”，注云：“颁读为班。班，布也。”《礼记·文王世子》“至于赗赙承含，皆有正焉。”郑注：“承读为赠，声之误也。”前一例指明颁是班的通假，后一例指明承是赠的通假。这种例子在郑注中不胜枚举。

第二，是郑玄在通过声类进行训诂时，注意到了对古音的考察，并通过古音来求义。由于郑玄时代的古代语音已经发生了较大的变化，先前声音相近的字词到这时可能已经看不出语音上有什么联系了，同样，这时音同或音近的字词在原先却可能语音差得很远，而经籍上通假字之间的所谓音同或音近都是对于原先的语音来说的，因此，判定通假的语音只能是根据古音而不是后代的语音。在这一点上，郑玄做得很出色，如《诗·豳风·东山》“蜎蜎者蠋，烝在桑野。”毛传：“烝，窴也。”郑玄笺云：“古者声窴、填、尘同也。”又《诗·小雅·常棣》“每有良朋，烝也无戎。”毛传云：“烝，填也。”郑笺说道：“古声填、窴、尘同。”郑注（按：郑玄的“笺”其实就是“注”，因为有毛亨的传在前，郑玄的注是为了补充、阐明或匡正毛传，所以叫“笺”）用“古者声某某同”和“古声某某同”来标明训释字和被训释字古音同，因而义得相通，这是郑玄有所创新的地方。

郑玄的经学成就极高，这当然不仅仅是因为他的训诂有所创新发明，还有许多别的因素。比如，他注经时能兼综诸家，参用异文，择善而从，绝无偏执。他的《毛诗笺》即是宗毛为主，又兼采齐、鲁、韩三家，因而他的结论，就更为公允正确。又如，他能把训诂和文字、校勘、考证集于一身，贯通群经，创制条例，成为当时天下所宗的儒学，对后世学术也产生了深远的影响。清代乾嘉学者所谓的“考据学”，即是以郑学作为旗帜的。

郑玄注经既多，所涉及的内容也是多方面的，可以说，几乎是包括了后代训诂学所涉及的全部内容，如释词、解句、明语源、明通假、注音读、说修辞、释制度、解名物、解方言、校勘文字、分析语法等等，后世的传注体训诂几乎超不出这个范围。因此，就训诂的内容而言，到郑玄已几乎全备了。训诂的方式方法，到了郑玄，也已相当完备。术语体系代表着一门学科的严密性和科学性，训诂的术语体系在郑玄的训诂实践中已经相当完整而严密。如“读如”、“读为”、“当为”、“当作”、“犹”、“谓”、“言”等等，据统计多达30多项，不仅比从前的训诂学家更加齐备，而且为后代的注疏家们所普遍接受和广泛采用。郑玄的工作，对前代来说是具有开拓性的，对后代来说是具有导源性的。

3 我国的第一部词典——《尔雅》

汉代是训诂学的形成期。其标志，不仅仅在于注释之学的兴盛和成熟，更重要的是训诂专著的相继出现，亦即《尔雅》、《方言》、《说文解字》和《释名》的等训诂专著问世。自周秦以来经过了长期的训诂实践，已经积累了丰富的语言研究资料，加深了人们对语言的认识，为人们对长期的训诂实践进行理论总结提供了必要性和可能性，因此，也可以说上述4大专著的出现是训诂发展的必然结果。训诂专著再不像随文而释的传注那样分散和具体，相反，它是脱离了语言环境的、集中的、概括的训诂，更具有系统性，因而与传注相比具有质的不同。这4部训诂专著是在传注训诂的基础上产生的，不但对后世的传注训诂，而且对后世的整个汉语研究都产生了重大影响，一直受到后代人的推崇，被认为是汉语语义学、方言学、文字学、语源学的奠基之作。

训诂专书以《尔雅》为最古。关于《尔雅》的作者和成书年代，历来存在着不同的看法。一种意见认为它始创于周公，成书于孔子门人。唐朝以前的小学家多数持这种看法，清朝也有不少人是这种主张；另一种意见认为它是毛亨以后的小学家们辑缀旧文，递相增益而成，如《四库提要》就是这种观点；还有意见认为它是汉代刘歆伪造，这个意见出自清末康有为。在现代，这个问题也还没有取得一致的意见，但是有两点基本上是大多数人确认的：第一，它是经过多人收集以往的资料、陆续增益而编成的；第二，它最晚在西汉初年就已成书。

“尔雅”这二字的含义，通常是依照刘熙《释名》

的说法，把“尔”解为“近”、“雅”解为“正”，“尔雅”即指近于华夏的标准语。

《尔雅》全书按事类分为19篇：释诂、释言、释训、释亲、释宫、释器、释乐、释天、释地、释丘、释山、释水、释草、释木、释虫、释鱼、释鸟、释兽、释畜。其中《释诂》、《释言》、《释训》三篇所解释的大多是古代语言，特别是古代文献语言中的一般语词。《释诂》、《释言》两篇在内容上没有多大区别，都是以今语释古语，以通语释方言。《释训》主要是解释形容状貌的词语，里面有不少是重文叠字、《诗》、《书》成句。自《释亲》以下直到《释畜》16篇，是解释百科名词的，其中《释亲》、《释宫》、《释器》、《释乐》4篇，是有关社会生活的专名部分，直接关系到人的社会生活和日常生活，体现出儒家以礼治国的思想，所以在16篇中排在前列。《释亲》分为宗族、母党、妻党、婚姻4个内容。宗族实际上就是父党，列于诸亲属关系之首，解释也最详明，反映了父权制的思想。《释亲》集中体现了区别亲疏、尊卑、男女、内外之礼的精神。《释宫》以解释宫室建筑为主，也涉及了道路、桥梁这些附属建筑的解释。宫室具有区别内外、分别男女、显示尊卑的作用，同样体现了礼的精神。《释器》解释人们生活、生产中使用的各种器具，先列礼器，后列一般器物。《释乐》解释音乐、乐器的名称。乐受礼的节制，从属于礼。从《释天》到《释畜》12篇，是自然物类的专名。《释天》解释四时、祥、灾、岁阳、岁名、月阳、月名、风雨、星名、祭名、讲武、旌旗等等。《释地》解释地理，包括九州、十薮、八陵、九府、五方、野、四极。《释丘》解释自然形成与人工造成的丘陵和厓岸。《释山》解释山岳名称及其形体。《释水》解释水泉、水中、河曲、九河有关水流以及溪谷沟浍的名称。《释天》到《释水》5篇，是解释自然界中无生命的事物，从《释草》以下7篇，是对常见动植物的解释，旨在令人扩大知识面，以求"物来能名"。《释草》解释草本植物花卉的名称。《释木》解释木本植物的名称。《释虫》解释昆虫的名称。《释鱼》主要解释鱼类名称，《释鸟》主要解释鸟类名称。《释兽》解释兽类的名称状貌。《释畜》解释家畜。19篇中前3篇的解释方法，是把许多同义词放在一起，用一个通行词来加以解释，算作一条，比如《释诂》："初、哉、首、基、肇、祖、元、胎、俶、落、权舆，始也。"用一个人们比较常用的"始"来解释前面的一组词。后16篇解释各种名称，主要是用定义式和以共名释别名，以俗语释文言这两种。

《尔雅》是中国训诂学史上第一部总释语义的训诂专著，是一部里程碑式的著作。《尔雅》之前，典籍中虽然有一些训诂材料，但总的说来，这些材料还是零散的，甚至有些是口耳相传的，训诂的方式也都还带有初级的形态，不够严密，也不成系统。《尔雅》则是汇集了汉以前大量的词语故训，加以系统的整理和研究，按照词的类别分别为篇，汇成了通释语义、粗具条理的汉语分类词典。《尔雅》的编纂，是在前人感性认识的基础上，经过分析比较，融会贯通，显示出对词义系统的理性认识。《尔雅》以类为别，显示出当时人们已经认识到可以把词分为各个类别，这也是一个了不起的进步。《尔雅》继承了不少先人的训诂术语，在运用术语的时候，又都颇为规范，显示出作者们对训诂和对语言的认识，已达到了相当高的水平。《尔雅》完成了从传注训诂到专著训诂的飞跃，是训诂由不自觉到自觉的过渡，无论是从实践上还是从理论上来看，都是一个突破。

《尔雅》不仅是中国的第一部词典，也是世界上第一部词典。历代的学者们都给予了它极高的评价，认为它是训诂之祖，对于研治经书是必不可少的。确实，不仅从前的经学家们大多凭借它来求证古义，就是今天我们研究训诂学，研究汉语词汇史，研读先秦两汉的古代典籍，继承古代的文化遗产，也必须以《尔雅》为重要参考书。《尔雅》作为中国训诂学史上第一部成系统的专著，永远闪耀着独特的光芒。

《尔雅》对后世的影响极为深远，故后世出现了一大批模仿《尔雅》体例的训诂学著作，形成了训诂学的一支颇有影响的流派——雅学。如《汉书·艺文志》中有《小尔雅》（撰人不详），三国时有魏国张揖的《广雅》、宋朝有陆佃的《埤雅》、罗愿的《尔雅翼》，明朝有朱谋玮的《骈雅》、方以智的《通雅》，清朝有吴玉搢的《别雅》、洪亮吉的《比雅》、史梦兰的《叠雅》、夏味堂的《拾雅》等等。

由于《尔雅》是多人经手，陆续增益而成，因而它也不可避免地存在着不少缺点。首先，词义分类不够科学，如《释宫》中包括了道路和桥梁，《释器》中又包括了衣服和食物，《释草》中混入了木本植物，《释鱼》中又混入了爬行动物，还有一篇之内前后重出的现象等，这些都是不够严谨的地方。其次，在释义方法上，有时用多义词充当训释词，使得被释词的意义不够明确。甚至还有这样的情形，即把并非同义的词集合成一组，用一个多义词去训释，用这个多义词不同的义位去和不同的被释词相对应，如《释诂》“台、朕、赉、畀、卜、阳，予也”条，“予”有“我”和“赐予”两个意义，台、朕、阳是“我”的意思，赉、畀、卜是“赐予”的意思，这两组词没什么联系，却把它们放在一起，笼统地用多义词“予”训释。这种“异义同训”因为形式上的过于简单化而显得不够科学。再次，如果说“异义同训”是对词义概括得不好的话，那么“同词异训”就是对词义没有进行概括了。如既有了“肃肃，敬也”条，又有“肃肃，恭也”条，一个词两出，不加概括。还有，它对古言或方言往往不加区分，这也是不足的地方。

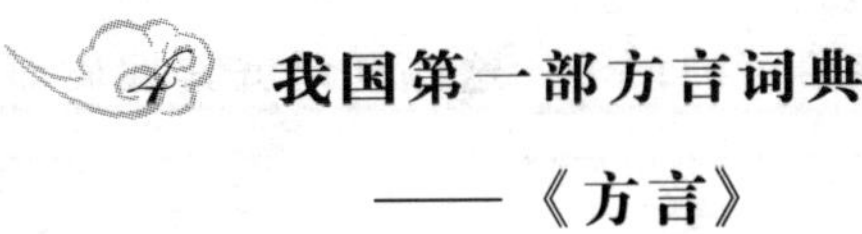

4 我国第一部方言词典——《方言》

如果说《尔雅》是对古训材料进行客观辑集的话，那么，《方言》则是对活的口语进行自觉采集并加以研究了。

《方言》的全名是《輶轩使者绝代语释别国方

言》。作者是西汉扬雄（又作杨雄）。扬雄（公元前53~公元18年）字子云，蜀郡成都人，西汉著名的文学家、哲学家和小学家。他博闻强记，通晓训诂，精通文字之学，认识很多古文奇字。成帝时任给事黄门郎；王莽时，校书天禄阁，官拜大夫。扬雄倜傥有大志，好古而乐道，想凭着文章成名于后世。著述宏富，模仿《易经》而作《太玄》，模仿《论语》而作《法言》，模仿《苍颉》而作《训纂》，模仿《尔雅》而作《方言》。后两种是小学著作。

书名中的“辅轩使者”是指周秦时期受命乘坐一种轻便车子（辅轩）到各地采集民歌、童谣以及方言异语的官员。他们摇着木铎在民间采集资料，然后逐级上报。“绝代语释”和“别国方言”指书中的内容，分别指古今差别较大的词语和各地语言差别较大的词语。《方言》是扬雄在前辈严君平和林闾翁孺研究周秦残存的方言资料的基础上，又经过亲自多方搜集活的语言资料，历时27年之久才写成的。

今本《方言》为13卷，共收11900余字，除古代方俗之语外，还包括当时的各地方言以及狄、蛮、羌等少数民族语言的词语。这些词语就其性质而言，大体分为5类：

（1）不含地域性的普通话，即所谓通语（或称凡语、凡通语、通名、四方之通语等）。

（2）通行区域较广的方言，即某地与某地之间通语（或称某地通语、四方异语而通者等）。

（3）纵方面语言新旧生灭交替之际所残留的古今语。

（4）横方面语言因地域的差别而发生变异的各地方言，即某地语。

（5）兼包纵横两面因音声转变而发生的方国殊语，即转语（或称语之转、代语）。

《方言》的体例模仿《尔雅》，分类编次（但不明标类名），一般是先罗列一些同义词，再用一个常用词来解释。但它跟《尔雅》也有很不一样的地方。它要分别说明各地不同方言的称谓，指明某词属于某地的方言或属于古语，实质上说明了形音不同的同义词的差别关系及其历史演变，比《尔雅》只并列几个同义词再加一个简单的解说要精密得多。《尔雅》能够罗列许多古今转语、同义词、正假字，却未能说明它们的所以然，并从而示人以训诂的途径；《方言》虽是有意模仿《尔雅》，但它的态度已由客观的资料收集而进入主观的分析解释，它的取材也已由纸面进入口头，它的目的不仅仅是为了实用，而且重在研究，示人以训诂的途径。如果说《尔雅》是训诂材料的整理总结，那么《方言》则是训诂的学术研究了。比如：

> 《尔雅》："如、适、之、嫁、徂、逝，往也。"
>
> 《方言》："嫁、逝、徂、适，往也。自家而出谓之嫁，由女而出为嫁也；逝，秦、晋语也；徂，齐语也；适，宋、鲁语也；往，凡语也。"

从《尔雅》中我们不能明了一组同义词之间的关系，

从《方言》中我们却能清楚地看到，这组同义词原来是方言之间的不同。事实上，《方言》确是把一组同义词之间的各种关系如古今关系、同源关系、异域用语不同等纵的和横的关系都揭示出来了。

《方言》中表现出了对当时来说是颇为进步的语言观。首先是语言的时空观。扬雄懂得了不同地区的人们可以用不同的词表示同一事物、同一概念，表示同一事物、同一概念的词也会因时间的流逝而发生变化。他从语言的时空依存关系上来研究语言变化，取得了巨大的成功，得到后人高度的评价。《方言》给后世的影响是巨大的，许慎、何休、郑玄、刘熙等人，都懂得了方国殊语、古今音变的道理，并自觉地利用这个原理来指导语言文字的研究。其次是扬雄对方言词产生的原因有一定的认识。比如，他认识到很多方言词是古语的遗留，懂得纵与横的关系，共时与历时的关系。对于语言的音转，历史音变，他一般用“语转”、“语之转”来揭示；又比如，扬雄认识到了不同方言区的人对同一事物可以从不同的角度去命名，这是方言词产生的又一重要原因，也是汉语同义词特别丰富的重要原因。

《方言》突破了只重视书面语言研究的局限，以活的语言为调查研究的主要对象。由于它不受文字的限制，因而有些字只起标音作用，作出了方言调查的示范。它是一部重要的训诂学著作，同时也是中国第一部方言学著作，反映了汉代乃至周秦时代全国各地错综复杂的方言状况，光是其中的方言史料，就有很大的价值。

5 世界上第一部大字典——《说文解字》

《尔雅》、《方言》产生以后不久，中国诞生了第一部系统地分析字形、考究字源、说解字义、辨识声读的字典，也是世界上第一部体例完备的字典——《说文解字》。

《说文解字》的作者是东汉许慎。许慎（约公元58~约147年），字叔重，汝南召陵（今河南郾城）人，东汉著名学者。他曾向古文学派大师刘歆的再传弟子贾逵学习古文经学和文字学，基本上是属于古文学派的。他又曾和马融、刘珍等人在东观（汉代的皇家图书馆）校书，得以读到很多秘籍。当时今、古文的斗争还很激烈，今文经生们虽然在说经时喜欢“竞逐说字”，但是由于无知，说的多是滑稽无根之谈，如说隶书从仓颉造字时就是这个样子，父子代代相传，字体是不会变化的。他们攻击和否定古文，认为研究古文是“好奇”。他们还只凭隶书的形体去解释字义，说“马头人为长”（“马”字的上部分再加上“人”即是“长”字），“人持十为斗”（“人”字和“十”字构成“斗”），“虫者屈中也”（“虫”字就是“中”字末笔弯曲而得），这些都是完全违背汉字实际的说法。更为糟糕的是，有些法官竟然根据隶书中的讹字形体解释法律条文，胡作非为。为了回答今文经生的“巧说邪辞”，揭露他们的谬误，指出正确的答案，用以捍卫古文经学，发展语言文字学，许慎在吸收前人研究成果的基础上，前后经历了22年时间，终于写成了《说文解字》。

"说文解字"中的"文"和"字"意思是不完全一样的。许慎把独体的象形表意字叫做"文"，如"人"、"木"等；把合体的表意和形声字叫做"字"，如"休"、"停"等。因为这是一部说解文字的书，因此题名叫《说文解字》，后世一般简称《说文》。全书共14卷，加上叙目共15卷，共收字9353个，重文（异体字）1163个。所收的字以小篆为正体，也不排斥古文、籀（音zhòu）文。此书创立了系统的偏旁编字法，根据文字的古文（主要是小篆）形体把九千多个正篆分别归入540部，每部的第一个字即是部首。部首的确立，是人们对汉字形体结构的特点有了较深入的认识的标志。许慎已经认识到，尽管数目繁多的汉字各有各的形体，但是往往有一组一组的字拥有共同的偏旁，如"杨、柳、松、柏、根、材"等字都带有"木"旁，"利、副、刊、削、切、初"等字都有"刀"旁，于是他就把"木"、"刀"抽出来立为部首，将从木、从刀旁之字分门别类地归属其下，"分部别居，不相杂厕"，使得九千多字都有系统可言。这确是具有独创性的发明。

部首的排列，始于"一"，终于"亥"，其先后顺序主要是"据形系联"，按照形体排列顺序。如第一部是"一"；第二部是"二"（古文"上"字，不是数目字）；第三部是"示"，因为"示"字中有"二"；第四部是“三”部，是承蒙“示”字中的三垂而来；第五部是“王”，因为“王”是“一贯三为王”，所以在“三”部之后，等等。后人在考察《说文》部首的排列时，发现也有以义相次甚至是以音相次的。

部属字的排列顺序也有一定的原则，主要是“以类相从”或“以义之相引为次”，即义近或表示同类事物的字列在一起，如《玉部》里的字，首先是一批表示“玉名”的字，其次是一批有关玉的品质好坏的字，再以下依次是“玉器”、“玉饰”、“玉色”、“玉事”、“玉声”、“玉石”、“珠类”等。

《说文》对每个字的解释，基本内容包括文字的形、音、义三个方面，其通例是先释字义，再释字形、字音，如有异体或异说，则再加申说，有时征用文献材料或通人说加以证明。比如《中部》：“中，草木初生也。象丨出形，有枝茎也。古文或以为艸（草）字，读若徹……”首句是释义，接着释形，最后释音，把文字的形、音、义三个方面互相贯通渗透，进行综合研究。这是许慎的发明。

《说文》的字义说解有一个基本原则，即据形立训。也就是说，释义总是与文字形体相吻合，这是《说文》的独特之处。其释义的方式主要有 3 种：（1）互训，包括递训和同训。互训即同义词或近义词相互训释，如《人部》：“倚，依也”；“依，倚也”。递训即以乙训甲，又以丙训乙，层递而下，如《手部》：“抗，扞也”；“扞，忮也。”同训即用同一个词训释几个同义词或近义词，如《心部》：“慎，谨也”；“愿，谨也”；

“恮，谨也。”这种训释方式重在以易释难，以今释古，以通释别，突出了相互训释的各词之间的同义关系，在沟通古今语、对译方俗语等方面有准确便捷的优点。(2) 义界，又叫“界说”，即用一句或几句话来阐明词义的界限，对词所表示的概念的内涵作出阐述或定义，如《贝部》：“贩，买贱卖贵者。”《皿部》：“盥，澡手也。”(3) 推因，即以声音为线索推求语源。表现为三种形式：一是声训，直接用同音字或双声、叠韵字作训释，说明语词得名的由来。如《日部》“日，实也”，《月部》“月，阙也”。二是先释词义，再说明语源，如《示部》“祳，社肉，盛以蜃，故谓之祳。”三是把说解词义和推求语源结合起来，如《示部》“祰，告祭也。”

《说文》对文字形体构造的分析，依据的是六书理论。“六书”作为中国古代研究汉字的一种理论，其名称最早见于《周礼·保氏》，但是“六书”的细目则直到汉代刘歆的《七略》才见到。班固《汉书·艺文志》采取《七略》的说法，认为“六书”是象形、象事、象意、象声、转注、假借，说这六者是“造字之本”。刘歆的再传弟子郑众在《周礼·保氏》注中也说“六书”即是象形、会意、转注、处事、假借、谐声。许慎在《说文解字·叙》中不但指出了六书的细目，而且给它们分别下了独到的定义。许慎的细目是：指事、象形、形声、会意、转注、假借。清代以后，人们对六书的名称和说解都是采用许慎说，但对于次序则采用班固说，即象形、指事、会意、形声、转注、假借。“象形”即是一种抽象化的绘画，指有些文字是对实在物体（如日、月、山、川）照着样儿弯弯曲曲地画下来。对一些无法画出的较抽象的东西，就用符号来指示，使人根据这符号能够体会出所要表达的意思，如在一个刀字的“刀口”上加一点表示刀刃，把一短横加在一长横的上下来表示“上”和“下”，这就是“指事”。把两个或多个字形结合起来，联系着几个概念来表示某种意义，这就是“会意”，如一个人靠在一棵树上休息为“休”，一个人跟在另一个人身后为“从”等。把两个形体组成一个字，其中的一个表义，另一个表音，这就是“形声”，如“江”、“河”两字的水旁表义，“工”、“可”表音。“转注”一说，由于人们理解各不相同，观点有多种，其中一种以清人戴震、段玉裁为代表，认为是指两个字在意义上有相通之处，可用来互相解释，如以“考”训“老”，又以“老”训“考”。“假借”指因语言中某些词有音无字，就借用别的同音字来表示，如“难”本是鸟名，借作困难的“难”；“易”本义是蜥蜴，借作容易的“易”。许慎根据当时对文字形体的构造和意义声音关系的理解，用六书统率和分析篆文，把所有的字按照形体的构造加以区分，把纷繁复杂的文字形体纳入了一个富于条理的系统中，编写出系统而科学的字典。

《说文》对字音的标识，一是通过分析形声字的结构，通过“某声”或“亦声”、“省声”的手法指明形声字的表音成分；二是通过“读若”等来构拟文字的汉代读音，如“读若某”、“读如某”、“读与某同”，基本上是直音法，只是许慎运用的这些术语其用法并不是很严格。

《说文》是对汉字的形、音、义三个方面进行综合研究的专书，它为后世开辟了文献语言学的研究道路，提供了重要的方法。它不仅在文字学领域有着重要价值，而且在训诂学和音韵学上也有着不可低估的作用。

《说文》创立了独立的文字学的体系。这个体系集中地表现在全书的说解之中，它的前叙后叙则提供了理论上的说明。许慎的文字观主要在三个方面显示出它的进步性。首先，关于文字的产生与发展演变问题。许慎认为文字不是上天赐予的，也不是神授的，和地面上的一些客观实体不同，它是人们通过长期观察世间事物后创造出来的。而且，他认为文字是发展演变的，由少变多，由简变繁，随着朝代更迭，社会发展，文字还会改变形体。其次，对于文字的功用问题，许慎认为文字是为现实生活服务的，直接地是为各种政权服务。他说："盖文字者，经艺之本，王政之始，前人所以垂后，后人所以识古"（《叙》）。再次，许慎系统地运用了六书说，对于汉字的构造作了较科学的有条理的分析。可以说，《说文》一书标志着文字学的体系已经初步建立。《说文》还形成了研究文字的较细的方法，包括形与义、音与义、语境与义这些关系，同时对字（词）的本义、引申义和假借义也都注意到了。它还保存了古文字，有为数不少还是早于小篆的古文和籀文，《说文》不仅成了后代学者研究甲骨文、金文的津梁，而且有助于我们探求文字发展的源流和规律。

《说文》的出现还有一个特别重大的意义，它极大地促进了汉字的统一。在西周时曾有过文字的统一，但以后逐渐繁乱。秦始皇时进行了文字统一工作，可惜秦代享国日短，文字的统一只能在公文中实现，在民间则不然，如秦简中的用字就并不统一，甚至在西汉时也还是未能完全统一。然而自东汉以后直至六朝，又自六朝以下，即使在社会长期动荡的时候，文字也相对地是较为统一的。其原因，就是在正字的时候，有了《说文》作依据。在这一点上，不能不说《说文》有很大的功劳。从字典的角度说，《说文》作为世界上第一部字典，树立了汉字字典的楷模，可以说后世的字典无一不受益于《说文》。

《说文》同时又是一部训诂学著作，它集先秦两汉训诂成果和经验之大成。《尔雅》基本上是编纂性的而非编著性的，是训诂材料的整理总结而非训诂经验的总结。《说文》则是第一部总结前代训诂经验的经过主观概括归纳的字典。在释义上，许慎一是通过自己独立主观的归纳、概括和加工，抓住本义，从根本上解决训诂的问题，这在训诂学上是一个突破。一是继承和吸收前人和时贤的成果，所谓“博采通人”。据统计，《说文》中载明前代和当时的通人说字的竟有近30家，保存了先秦两汉的训诂资料，保存了古义，《说文》一书也成了通晓秦汉以前文字训诂的阶梯和桥梁，在训诂学上的地位可以和《尔雅》相提并论。我们今天能够比较顺利地理解先秦典籍的许多字义，在很大程度上有赖于《说文》保存了本义、古义。不仅如此，

《说文》在词义研究中还有着十分重要的意义。词义研究的任务不仅要说明词的个别意义及其用法，而且要把词的若干意义按其内部联系整理出词义系统来，还要把若干同族的词按其源流总结出一个系统的同源词族系统，进而建立整个的汉语词汇史。所有这些，都离不开《说文》一书，离不开《说文》中提供的本义、古义、声训及其他词义信息。还有，《说文》对字义所作的诠释，是我们辨明假借的重要依据。《说文》在古汉语同义词的研究方面，也给我们提供了大量的宝贵材料。它在同义词和近义词的辨析方面，在沟通古今语和雅俗语方面，对我们今天的同义词研究，有极大的帮助。

《说文》对音韵学的研究尤其是对上古音的研究也具有极为重要的价值。首先，《说文》的谐声系统是归纳上古韵部和声类的重要依据。清朝的小学家们在"同谐声必同部"的原则指导下，很重视利用《说文》谐声系统来考定古韵的分部，取得了巨大的成绩。其次，《说文》中保存的大量异文，也是古音研究的珍贵材料。再次，《说文》中的声训材料，也有助于我们考定古音。

当然，由于时代的局限，《说文》不可避免地存在着一些不足。全书体例不够精密，比如全书所分的540部，就存在着不够严谨和科学的地方；同时，《说文》对于少数字形的说解也有错误之处，对字义的说解也就自然连带着错误了；再有，汉朝盛行阴阳五行之说，谶纬、术数之学，许慎的某些说解也难免受其影响而导致错误。但是这些缺点都不足以遮蔽《说文》的光芒。《说文》对中国后世语言学的影响之巨大，远远超过了其他著作。

 第一部通过语音探求语源的专书——《释名》

继《说文解字》之后，在东汉末又出现了一部与《说文》、《尔雅》、《方言》齐名的训诂专著，这就是刘熙（熙又作熹）的《释名》。刘熙，字成国，东汉北海（今山东昌东县）人。生卒年月已不可考。曾担任南安太守。刘熙认为，自古以来万事万物的命名取意都是有根据的，由于语言具有传承性和约定俗成等特点，因此事物命名的缘由又是可以推求出来的。他有感于老百姓天天叫着各种事物的名称，却不懂得它为什么叫做这个名字，所以撰著《释名》，专门解释各种事物命名的缘由。

《释名》的内容，正如作者在序言中说的，包括了"天地、阴阳、四时、邦国、都鄙、车服、丧纪，下及民庶应用之器"。该书共8卷27篇，编排体例大体仿照《尔雅》，按类编排，每篇一类。27篇是：（1）释天，（2）释地，（3）释山，（4）释水，（5）释丘，（6）释道，（7）释州国，（8）释形体，（9）释姿容，（10）释长幼，（11）释亲属，（12）释言语，（13）释饮食，（14）释采帛，（15）释首饰，（16）释衣服，（17）释宫室，（18）释床帐，（19）释书契，（20）释典艺，（21）释用器，（22）释乐器，（23）释兵，（24）释车，（25）释船，（26）释疾病，（27）释丧制。计收词1500条，范围较《尔雅》广。

《释名》推求事物命名的“所以之意”的方法，是声训。声训一法在先秦时就已运用，在汉代的运用更为普遍，其中有不少是用来探求事物名源的。但是自觉地用声训作为最重要的手段来解释词语、推求名源的，首推《释名》。它用音同或音近（包括双声和叠韵）的字词相训释，但往往在声训之后，还用义训进行进一步的明确和补充，以明确声训的由来。如：

川，穿也，穿地而流也。

契，刻也，刻识其处也。

山，产也，产生万物也。

“穿地而流”是对“穿”的进一步明确化，也可说是对“穿也”提供证明。后二例也是如此。

《释名》继承了扬雄的历史语言观，从音义关系上探求语言的内部规律。在语言的最初阶段，语音与语义的结合是偶然的，约定俗成的，二者之间没有必然的联系，也就不存在通过语音探求词的问题。但是，在语言的发展过程中，由于人们思维方式的影响，由于语词孳乳发展的独特方式，一组同源词内的各词中，其意义有某种联系，其语音也往往近似，即所谓音近义通，因而音义的结合在一定程度上是有规律可循的。刘熙对于音义之间的这种规律，应该说在一定程度上是有所认识的，所以能够继承从先秦以来各种体裁训诂中的声训成果并有一定的发明创造。可以说，《释名》是从语言学角度来研究和利用声训的第一部专门著作，为汉语语义学的研究开创了一条新路。它从语音出发探求词的语源，开创了语源研究的先声，宋代王圣美的“右文”说，很可能在一定程度上受了《释名》的影响。

《释名》中保存了很多两汉和先秦的名物、典制和风俗方面的知识，可让我们从中窥见古人的名物风俗和典章制度，在文化史上也有一定价值。此外，《释名》中的声训材料，可供研究汉代语音和方言以及考订古音古义之用。

《释名》也存在一些明显的缺点。上文中已说过，并非所有词的音义结合都有必然的联系，但是刘熙对什么词都用这种方法去处理，对“约定俗成”视而不见，显然是把声训方法扩大化了，因而有许多地方颇伤穿凿，主观随意性大。尽管有的地方未必是作者凭空编造，有一定的依据，然而从今天看来，毕竟是近于荒唐。

小结

汉代是中国文化史上一个非常辉煌的时期。在这个时期里，无论是文学、史学、哲学，还是自然科学和语言文字学，都极为繁荣，每个领域都出现了许多了不起的人物。他们继承了先秦时期丰富的文化遗产并发扬光大，取得了巨大的成绩。就训诂学而论，汉朝训诂学的繁荣是空前的。无论在训诂实践上还是在训诂理论上，都是如此。汉朝训诂学的体式、术语、方法和条例，在继承先秦训诂的基础上，已发展到了颇为成熟的阶段。其中在综合研究字词的形、音、义以及在因声求义这两点上，尤其给后世以极大的影响。汉人创造的两种训诂类型——传注训诂和专书训诂发展成了各自的体系。体系的完善意味着训诂学进入了自觉的阶段，显示出训诂学已经形成。

由于汉朝训诂学是在经学繁荣的基础上形成起来的，因此训诂学始终处在经学的附庸地位上，训诂就是为了解经。正因为如此，汉朝训诂学形成了自己的特点。首先，就是很注重实用性。由于汉儒治经以"经世致用"为要务，因此，实用性就是训诂学的生命。今文经学不必说了，就是古文经学，虽然它较重视语言文字的研究，偏重于字义训释和名物考证，学术性相对较强，但是他们的直接动机也还是为了争取古文经列于学官，以改变自身的地位，其实用目的性还是很强的。其次，是汉朝的训诂学重师法、家法。由于经师的不同，同一种儒家经典也会分为几家学说。他们在当时物质条件低劣的情况下，各自用口耳相传的方式教授弟子，传承学术，使先秦以来的学者成说得以系统地积累流传。如被称为"小学津梁"的毛亨的《诗训诂传》，就是经过了八九代人一代代地传授下来的。在学术传承的过程中，每一代人又能在继承师说的同时有所发展。因此也可以说，师法是汉代训诂成就巨大的原因之一，如果没有师法，训诂学的形成和发展就要受到很大影响。再次，正因为汉朝训诂重师法，他们又去古未远，因此他们的训释可信性很大。我们如果没有确凿的根据，不要轻率地去否定他们的结论。他们的许多著作，保留了古词古义，甚至是冷僻的古义，给后世学者解决疑难问题提供了很大的方便。最后，汉人训诂学风纯正，行文简约，被后人称为“朴学”（顺便说一句，后人提到汉学，一般即指以“许郑之学”为代表的古文学）。无论是训诂专著还是古籍传注，基本上都是只摆结论，点到为止。在碰到疑难问题时，他们宁可阙如，也不轻易地主观臆测。

如果说汉代训诂有不足的一面的话，那么，首先是它过于依附经学，和经学可说是“两位一体”，训诂的范围十分狭窄，经书之外的传注屈指可数。其次是重师法、家法带来的消极的一面，即失之于片面和保守，对于少数错误的训释过于迷信，不敢置疑。

三　训诂学的保守——魏晋南北朝隋唐

魏晋南北朝隋唐时期是训诂学缓慢地向前发展的时期。虽然这一时期的训诂实践范围有所扩大，内容更为丰富，但是，在训诂系统和训诂方法上，总的倾向是继承多于创新，量变多而质变少，从发展史的角度看来，是偏于保守的时期。

 保守的主要原因

训诂的主要依附对象——经学在魏晋到隋唐这个时期的发展，总的说来是比较保守的。在这一时期，经学中曾有过“郑王之争”，郑玄的经学虽说归属古文学派，但它吸收了今文派的长处，因而较为开明；王肃继承了马融的学说，可谓是纯古文派，相对地说比较保守。王肃正是站在纯古文派的立场上反对郑学。因此郑王之争实质上是守旧派与改造派的斗争。这场斗争以王学的最后失败而告终，对训诂学的发展基本上没有起促进作用。

东汉以后，由于社会黑暗，政治斗争残酷，战乱频繁，因此有很多人思想空虚，需要一种旷达无忌的思想来解脱。于是以老、庄思想为特征的玄学就应运而生。又因为此时的经学已经更加带有谶纬迷信的色彩，更加神学化，加上东汉极端奖励虚伪的礼教，因此它受到了魏晋玄学的猛烈攻击。更为严重的是，魏晋用九品取士法，以门第取士，杜绝了儒生通经做官的门径，经学连存在的基础也丧失了。在西晋“永嘉之乱”以后，今文经学几乎全部溃灭，古文经学仅保存了一部分。在这种情况下，魏晋时期的经学开始向玄学妥协，改头换面，采取老庄学改造出玄学化的经学，一些经学大师同时也就是玄学大师。他们注经辞义简括，标举大旨，注重发挥经中久被汉儒湮没了的哲学。但是，这些只是注经的立足点与前人不同，从训诂角度看，并没有多少革新。这时的训诂学家在思辨上要比汉人高出一筹，但在传统的名物训诂、释词解句上，却反而不及了。

在南北朝时期，经学也分为南学和北学，南北学风迥然有别。北朝儒生继承东汉经学，崇尚郑学，排斥玄学，经师说经，各有师承。总的说来，他们墨守师法，说经重章句训诂，学风质朴，不妄发新义，守成多，创新少，抱残守缺，难以使经学发扬光大。南朝崇尚清谈，玄学很盛，学者解经，不仅郑、王兼用，而且引用玄学阐发义理，用老庄思想创造出新的经学。他们不拘家法，贵有心得，学风简明通变。《隋书·儒林传》上说：“南人约简，得其英华（要义）；北人深芜，穷其枝叶（烦琐）。”这正是南北学的区别。由于南北朝政治上的分裂，南北两派没有明显的冲突，但是南学一般被公认为经学正统。事实上，就是北方的学者当时也是很倾慕南学的。因此在隋朝统一中国后，南北经学全面接触，北学就大败退了。

东晋以后，佛教很快地发展了起来，经学逐渐退居次要地位，引起了儒佛的斗争。统治阶级出于自己的需要偏袒佛教，儒道联合反攻也未能得利，最终还是佛教取得了胜利，经学的振兴又多了一层障碍。

唐朝经济繁荣，统治阶级讲求逸乐，对儒学的礼法不感兴趣，经学失去了存在的意义，处境很是凄凉，不像佛教道教那么受重视。唐朝取士重视的是“进士科”，注重诗赋，不重视经学。应“明经科”的人被人小看，没有做大官的希望。而且，由于六朝时经学分南北，经说众多，对唐朝的考试取士多有不便，唐太宗就让孔颖达等撰《五经正义》（《易》、《诗》、《书》、《左传》、《礼记》）作为官本。他根据“疏不破注”的原则，将南北经学统一起来。《五经正义》是考试的标准，应试人不得超越正义有所发挥，于是《正义》以外的经说逐渐废灭，所谓“《五经正义》出，六朝义疏亡”。学术没有了争鸣，学风逐渐保守，经学也就难以发展了。

经学是训诂学的主要载体，它的困顿和保守直接殃及了训诂学的发展，使得训诂学本身的水平没能得到太大的提高。因而尽管在这个时期注释的范围空前扩大，遍及子、史、集，但只是面的扩大而已，其注释的水平与注经的水平是大体一致的，也可以说是受到了经学水平的制约。

 注释范围进一步扩大

这一时期训诂学的重要成就，就是在训诂的范围、内容上进一步扩大和丰富。虽说注释重点仍在经部，但经、史、子、集的注释都已全面铺开，除了收集会合和进一步解释前人为古代典籍所作的注解之外，还注释了许多前人没有注释过的典籍。

如史部，前四史这时期都有了注释，而且大多不止一家。《史记》有所谓三家注，即南朝宋裴骃的《史记集解》、唐司马贞的《史记索隐》和张守节的《史记正义》。三个注本原来是各自单行的，北宋时始将三书注文都散列到《史记》正文之下，合刻为一书，统称三家注。这三种注释各有所长，相得益彰。大体说来，《集解》以征引广博为胜，《索隐》以探幽发微为长，《正义》以详释地理著称。由于《史记》是史书，三家也就着力于史实的考订与补正；对《史纪》与《汉书》之间的某些异同，三家注也加以探讨；对《史记》的宗旨、体例、笔法等，三家注也时有论述发明。现在中华书局的标点本《史记》，里面的注就是三家注。

《汉书》有三国吴韦昭的《汉书音义》、隋萧该的《汉书音义》、隋晋灼的《汉书集注》以及唐颜师古的《汉书注》，其中以颜师古注价值最大，地位也最高。

颜师古（581～645年），名籀，字师古，以字行。京兆万年（今陕西西安市）人。隋仁寿年间荐受安养尉，不久辞官回长安，以教书为业。唐朝太宗时拜中书侍郎，累官至弘文馆学士。他承家学，精于文字训诂，注《汉书》和《急就章》，著有《匡谬正俗》（未竟）。《汉书注》是颜师古奉太子承乾之命而作的。此书吸收了前贤的研究成果，采集了服虔、应劭、晋灼、臣瓒、蔡谟等自汉至隋朝间的23家注，删繁补略，考订史实，辨正旧说。旧注不详备的，则自立新说。颜师古的注文考据精核，论证周密，对历代疑难问题或歧解，大都作出确凿无误的论述。他校正文字，订正音读，诠释词语，辨析词义，甚至考释名物，讲解语法，都详明独到，成一家之言。这本书是自古及今最为权威的《汉书》注本，在当时颜氏就被称为班固的功臣，后世人注《汉书》，不过是在颜注的基础上加以补充和发展而已。

《后汉书》有梁刘昭的《后汉书注》和唐李贤的《后汉书注》，其中以李贤的注本影响较大。李贤（654～684年），字明允。唐高宗第六子。上元二年（675年）立为皇太子，后被废为庶人，光宅元年（684年）自杀。《后汉书注》是李贤招集当时的著名学者张大安、刘纳言、格希元、许叔牙、成玄一、史藏诸、周宝宁等人一同撰著的。此注征引广博，注音释义精当，尽管由于是成于数人之手，时有不严密甚至错误的地方，但它仍不失为成就最高的《后汉书》的注本。

《三国志》有刘宋裴松之的注本。裴松之（372～451年），字世期，河东闻喜（今山西闻喜）人。自幼好学，博览典籍，晋末累官至尚书祠部郎。入宋，武帝召为太子洗马，文帝时官至中书侍郎、国子博士。《三国志注》是奉诏而作的，此书重在征引诸书来辨别是非，检核讹异，备异补阙。注中引书达159种，其中的很多书都已亡佚；注文有50多万字，相近三倍于正文，不仅具有史料价值，更重要的是开创了史注的新例。

史部书传注还有三国吴韦昭的《国语注》。此书颇得毛传真传，水平很高。此外如晋代郭璞的《山海经注》以及北魏郦道元的《水经注》等，都享有很高的声誉。

子部有三国魏王弼的《老子注》，注文言简意深，妙得虚无之旨。《庄子》有晋朝郭象的《庄子注》和唐陆德明的《庄子音义》。郭象（约252～312年），字子玄，河南（今河南洛阳）人。好老庄之学，他在向秀《庄子隐解》的基础上"述而广之"，作《庄子注》，以注释的形式阐发"独化于玄冥之境"的观点。《荀子》有唐朝杨倞（音 liàng）的注本；《列子》有晋朝张湛等人注本；《孙子》有三国魏曹操、南朝梁孟氏、唐朝李筌和杜牧、陈皞、贾林等人的注本；《世说新语》有南朝梁刘孝标注，此注重点不在训释文字，而在辑补史料，考核异同。

集部主要有《文选》唐李善注以及"五臣注"，即吕延济、刘良、张铣、吕向和李周翰的注。李善

（约 630 ~ 689 年），扬州江都（今江苏扬州）人，历官太子内率府录事参军、崇贤馆直学士兼沛王侍读、秘书郎、泾城令等职。他早年与许淹、公孙罗等相继向同郡人曹宪学习《文选》，因此他的注释多存古意。六十卷《文选注》是“选学”的集大成著作，征引广博，所引典籍将近 1700 种，这些典籍有很多已亡佚，赖有李注得以存留片鳞，为后人考据和训诂提供了丰富的资料。指明文章词语的出处，是李注的最大特点，甚至有人因此指责李善“释事而忘义”。其实李注指明词语出处也是释义的一种方式，只不过拐了个弯儿而已。李注还用“古字通”、“音义同”等术语注明古今字、同源字，说明文字通假现象；在释词义的同时，兼释句意、文章、言外之意，阐发多种修辞手法。李氏注音，兼用直音、反切和注合韵等方式，大致能反映出唐初的语音状况。此外，李注还能订误补阙，发凡起例，订正了《文选》的叙次之失和行文之误，并用《文选》与它书互为订正。

在魏晋至隋唐期间，不仅经史子集各种典籍都有了传注，更重要的是各种风格的传注形式也都已齐备。首先，如毛亨、郑玄而下直到颜师古一脉，是着重在体会文意的基础上诠释词、句以及典章制度等语言问题；另一种，像裴松之的《三国志注》、刘孝标的《世说新语注》，是着重于征引史实，补充和辨正史料；再一种，像王弼的《老子注》、郭象的《庄子注》以及司马彪的《庄子注》，几乎是以自己的哲学思想代替老庄，其行文立说，使人感到好像又出了另外的老庄，飘逸之态隐约可见；还有一种，如李善的《文选注》，着重标注词语的出处。这些传注风格不同，各有千秋，均受到了人们的推崇。

3 新专著的撰著和旧专著的注释

从魏晋至隋唐这个时期里，除了在传注体训诂方面范围更大、内容更为丰富外，在专著训诂方面也出现了许多著作，甚至对汉朝的训诂专著也开始进行注释了。

为了行文的方便，我们对这些著作分类叙述。在“雅学”方面，主要有魏人张揖的《广雅》和晋人郭璞的《尔雅注》；在《方言》类，主要有晋郭璞的《方言注》；在《说文》类，主要有晋吕忱的《字林》和南朝顾野王的《玉篇》；在音义类，由于语言尤其是语音发生了明显的变化，因此，解经除释义之外，还需要注音，以音辨义，所以产生了汇集群书音义的专书，重要的有隋唐间陆德明的《经典释文》、唐代玄应的《一切经音义》和唐慧琳的《一切经音义》；此外，唐朝由于政治和文化上的需要，出现了一批正字的书，如颜元孙《干禄字书》、张参的《五经文字》、唐玄度的《新加九经字样》等等。这些著作中，除了郭璞的《尔雅注》和《方言注》外，最重要的有《广雅》、《字林》和《玉篇》。

《广雅》的作者张揖，字稚让，三国魏清河（今河北临清县）人，魏明帝太和（227～233年）年间曾任博士。他著有《埤仓》、《广雅》、《古今字诂》、《杂字》等，但流传下来的只有《广雅》。

在张揖的《上广雅表》中可以看到，他对《尔雅》一书十分推崇，同时也指出了它的不足，认为《尔雅》包罗的训诂、事物还未能完备，所以他博采群书，以补《尔雅》之不足。他对汉儒的笺注和《三苍》、《说文》甚至《方言》等许多古字书，都尽量收集；对“文同义异、音转失读、八方殊语、庶物易名”，都广泛辑录。总之，凡是《尔雅》没有载录的，他都列入，撰成《广雅》。

“广雅”就是增广《尔雅》的意思。它一方面对《尔雅》漏收的先秦故训重新给以摭拾，并对《尔雅》已收的某些词进行补充说解，以丰富词语的义项。另一方面对《尔雅》以后出现的新词新义进行了广泛的搜罗，所释词语共计2343条。它的体例完全仿照《尔雅》，篇数、篇次、篇名都和《尔雅》一样，其训释方法也和《尔雅》相同，即把同义或近义的词类聚在一起，用一个常用词来进行训释，各种名物用下义界的方式加以说明。

《广雅》是《尔雅》之后的又一部重要的训诂学专著。它保存古义，具有和《尔雅》同样的价值，对于解读古书，研究上古汉语有不可忽视的作用。

《字林》的作者吕忱，字伯雍，西晋任城（今山东省济宁市东南）人，官至义阳王典祠令。《字林》是一部模仿《说文》的著作，作者从许多典籍中，搜求异字，用以补充《说文》之不足。共收字12824个，其中有《说文》未收的，也有《说文》已收但与《字林》所收字形各异的。它依照《说文》的部首分为540部。

《字林》是上承《说文》，下启《玉篇》的一部字书。由于它收字多，字体正统，所以一问世就受到世人的重视。《字林》之学，经两晋南北朝后至隋唐而达极盛，受到与《说文》同等的重视。可惜的是，《字林》在宋元时就已亡佚了，我们今天看到的是清朝人的辑本，如任大椿有《字林考逸》，陶方琦有《字林补逸》等。

《玉篇》的作者顾野王（519～581年），字希冯，吴郡吴县（今江苏吴县）人。是南朝梁陈之间的文字训诂学家。他从小就通读五经，擅长写文章。长大后遍观经史，于天文、地理、筮龟占候和虫篆奇字等无所不通。梁武帝时拜太学博士。梁亡入陈，在陈文帝时补撰史博士，不久加招远将军。陈宣帝时除太子率更令，不久又领大著作，掌国史。官至黄门侍郎、光禄卿。顾野王的著作很多，除了《玉篇》以外，还有《舆地志》、《符瑞图》、《顾氏谱传》、《分野枢要》、《续洞冥记》、《玄象表》，另有文集20卷，等等。

《玉篇》撰于梁武帝大同九年（543年）。书成以后，简文帝嫌它详略失当，命令萧恺等人进行删改。唐高宗时，又经过孙强的修订增益。宋真宗时，又由翰林学士陈彭年等人重修，定名为《大广益会玉篇》。现在我们看到的就是这个本子。《大广益会玉篇》和顾氏原书相比，已经有了很大的改动，总的说来，是收字增多了，注解却简略了。

今本《玉篇》（即宋人重修的《大广益会玉篇》）共30卷。收字22000多字。它仿照《说文》按部首排列，共设542部。与《说文》相比，部目稍有增删，部次也略有差异。《说文》部次主要是“据形系联”，《玉篇》则主要是以义近相次，把意义近似的排在一起，这对于不懂六书的读者来说较为便利。字头不像《说文》用篆书，而是全用楷体，可说是中国的第一部楷书字典。《玉篇》的释字，也不再像《说文》那样用六书条例分析形体，而是以音义为主，在每个字头下先以反切注音，然后解释字义。有时在释义之后还引用例证，甚至直接引书来解释。有异体字的，就列在解释之后。

今本《玉篇》卷末还附有《分毫字样》，专门收集形体近似、容易混淆的字，计有248个，如“刀、刁”、“打、朾”等，成对罗列，以让读者注意辨别，避免写错别字。此书不设总目，部首目录分见于各卷之前。每10卷的开端又有一个总目，查检起来多少有些不方便。

《玉篇》模仿《说文》而作，从某种意义上说，可以看作是《说文》的增订本。但和《说文》相比起来，它还是有其独特之处的。首先是收字，它把各种典籍上出现的字都收集进来，甚至不排斥当时社会上使用的俗字，这就比较实用。其次是它用楷体代替篆文，注音引进了当时的反切，这也很便于人们查阅。再次是它的释义不再像《说文》那样通过分析字形说解本义，而是重在搜求字训，不管是本义还是引申义都一并罗列，开了后代字典编排义项的先河，给后世字书以极大的影响，宋人的《集韵》、《类篇》，明人的《字汇》、《正字通》以及清人的《康熙字典》，可以说都是继承了《玉篇》的编纂方法。同时，它的训释对我们研究古代的文字训诂以及唐宋的字音也有一定的参考价值，其中的书证还保存了一些散佚的古籍残文，不能说没有存古之功。

郭璞的《尔雅注》和《方言注》也是影响很大的训诂学著作。郭璞（276～324 年），字景纯，河东闻喜（今山西闻喜）人。晋元帝时做过著作佐郎，终于尚书郎记室参军，死后赠弘农太守。郭璞博学多才，词赋文章在当时享有盛名。又深通阴阳历算，精于卜筮，曾著有《新林》、《卜韵》等。同时，郭璞又是一位了不起的训诂学家。他喜欢研究古文奇字，为不少古代文献做过注释，包括《尔雅注》、《三苍注》、《方言注》、《穆天子传注》、《山海经注》、《楚辞注》、《子虚赋注》、《上林赋注》等。

魏晋以后，社会上崇尚虚无，解说经书的人大多不看重过去的说解，《尔雅》之学也日趋衰败。但是郭璞与众不同，他从小就开始研究《尔雅》，曾经刻苦钻研了 18 年，对《尔雅》给予了很高的评价。在他之前，已有刘歆、樊光、李巡、孙炎等十余家注释过《尔雅》，但是郭璞认为他们的注释不够详备，而且多有误漏。于是他收集了先贤的各家说法，补缺纠谬，又广泛研究各地的方言俗语，用以印证《尔雅》，著成了《尔雅注》。为了帮助读者理解《尔雅》的内容，郭璞还配合注释，另撰《尔雅音》和《尔雅图》，可惜这二书都失传了。

《尔雅注》作为颇有影响的训诂名著，它有自己独到的地方。首先，郭璞能引用《方言》来证发《尔雅》，互相贯通。《尔雅》里有的同义词本来就是方言之间用词的不同，在《方言》一书中有时恰恰能够把这类问题交代得比较清楚，从某种意义上说，这二书的宗旨、体例有相通之处。因此，用这两部书来互相证发，就可以把很多因时间、地域的变化而产生的语言词汇的差异清楚地表示出来，使读者对《尔雅》有更深的理解。其次，郭璞能用当时的通行口语来注释《尔雅》，以俗释雅，以今释古。郭璞用功最深的是在这方面，他对训诂学的最大贡献也在这一方面。他用的这类词语，有的是当时通行的，称之为“通言”、“通语”、“通呼”、“今人言某”、“即某”等；有的是晋代某地的方言，郭璞用“今某地人谓某为某”、“今某地人呼某为某”等来作注；有的是当时通行区域较广的方言，郭璞称之为“方俗异语”等等。再次，郭璞用“语转”来解释词语的古今、地域之变，揭示了同源词在不同时间和不同地点中的形式变化。最后，郭璞取证丰富，旁征博引，却能行文扼要，说义谨慎。比如对一些容易理解的词语，他就不再加以解释，或只说是“常语”、“见《诗》、《书》”等；对弄不清楚的问题则说明“未详”或“未闻”。无论如何，郭璞的《尔雅注》是《尔雅》的各家注中最有价值的一种。郭注一流行，当时的其他注释就逐渐地不行了。

它上承汉朝诸儒的研究成果，下启千百年《尔雅》研究的门径，而且是现存最早的完整的《尔雅》注释，在训诂学史上有很重要的地位。

《方言注》也是郭璞用力甚勤的一部著作。郭璞在研究《尔雅》的同时，对《方言》也进行了注释。他的注释，一是解说《方言》中的词语，更重要的是增广内容，补缺正误。他以当时活的方言为参照，和《方言》参证比较，作出注释。对《方言》中解释不够清楚的，他就进行补充；对语词得义的因由，郭璞也尽量加以介绍。他的注释音义并重，在释义时也常常兼注语音。由于郭璞学识广博，熟谙当时的许多方言，使得他的注释保留了秦汉到晋代语言发展变化的一些资料，尤其是保留了不少晋代的活的语言。单从这一点上说，《方言注》就具有十分重要的价值。

总的说来，郭璞注《方言》中的许多方法和体例和注《尔雅》是大致相同的，只是注释《方言》在《方言》研究领域中尚属首创，注文相对简略一些而已。他在这两部书中都不排斥当时的活语言，反映出许多语音、词汇发展变化的痕迹，对语言学史的研究有重要意义。他在注中提出的“反训”问题、“转相训”问题以及“转语”条例，对后世训诂学产生了深远的影响。

4 集解、义疏的产生和《五经正义》

汉朝虽然传注繁多，名称也各异，然而其特点和功用大体是一致的，都是针对典籍，解释典籍。魏晋以后，由于时间推移，注家繁多，语言发生了变化，因此产生了一种新的传注形式——集解（也称集注）。即把某典籍的各家注解汇集到一起，往往还发表自己的见解。较著名的如范宁的《谷梁传集解》、何晏的《论语集解》、裴骃的《史记集解》等。这类注释把众说汇集在一起，便于读者翻检和比较（需要注意的是，晋杜预的《春秋经传集解》是把《春秋》经和《左传》“编集”到一起进行“说解”，名称虽同，含义不一）。

这时期还产生了另外一种注释形式——义疏。义疏不仅解释典籍正文，而且解释前人的注释。义疏产生的原因，一方面是六朝人去古已远，不但先秦的典籍不易理解，就连汉朝人的注释也不能完全明了，需要作进一步的解释了；另一方面，经学和玄学的结合以及佛学的兴盛促进了义疏体的产生。玄学家尚清谈，经学（尤其是南学）也常引用玄学来阐发义理。佛学兴起以后，儒学的正统地位受到了严重的挑战，儒佛两学展开了激烈的斗争。在斗争中，二者不但批判对方，同时又互相吸取对方的长处，借鉴对手的方法，以期击败对方。因此，佛教徒开始为佛经作注解，阐发佛经义理，并且师徒代代传承。儒家也借鉴了佛家的聚徒讲经，采取登台讲经的方式。讲经时通常先有一个书面的讲稿，叫作讲疏，也叫义疏。义疏不但讲解经文，连注释也做了进一步的解释，发挥得较为细致。南北朝时义疏之学十分盛行，著作也很多，但是大多都散佚了，只有南朝梁皇侃的《论语义疏》流传下来（其实也是在清乾隆年间从日本抄回，已不完全是原书面目）。

到了唐朝，为了政治上的需要，统治者要求文化和思想保持高度统一。自魏晋以来，诸儒在经学的诸多问题上众说纷纭，各抒己见，不利于学术思想的统一。唐太宗于是命令颜师古考定五经文字，编撰成《五经定本》，把五经的文字统一起来。又命孔颖达与诸儒为五经撰写新义疏作为官本，这就是有名的《五经正义》。凡士人应明经科试，须以《五经正义》为依据，不合“正义”的一概排斥。《五经正义》结束了诸儒各执己说的局面。

孔颖达（574～648年），字冲远，冀州衡水（今河北衡水县）人。隋时曾任河内郡博士，继补太学助教。入唐，太宗提拔为文学馆学士，迁国子博士。转给事中，官至国子祭酒。唐初受诏领撰《五经正义》。《五经正义》是由诸儒分治一经，各取一书为底本，采集旧说编纂而成。《周易正义》有颜师古、司马才章、王恭、马嘉远、赵乾叶、王琰、于志宁，以王弼注为底本；《尚书正义》有王德韶、李子云，以伪孔安国传为底本；《毛诗正义》有王德韶、齐威，以毛传、郑笺为底本；《春秋左传正义》有朱长才、杨士勋，以杜预注为底本；《礼记正义》有朱子奢、李善信、贾公彦、柳士宣、范义頵、张权，以郑玄注为底本。孔颖达因为年辈较大，名声职位也最尊，所以统领此事，实际上只是总揽大纲而已。各经正义，大多是依据南北朝儒生的义疏，比如《尚书正义》本于孔颖达的老师刘焯的《尚书义疏》和刘炫的《尚书述义》；《毛诗正义》本于刘炫的《毛诗述义》和刘焯的《毛诗义疏》；《春秋左传正义》本于刘炫《春秋左氏传述义》等；《礼记正义》本于皇侃《礼记讲疏》等。孔氏诸人，创见其实并非很多。

自从六朝以来，义疏的规矩就是“疏不破注”，即义疏完全依照注文诠释，不改变旧注的任何观点。这个做法有保存师说、继承古训的一面，但也有曲循旧说的弊病。疏不破注的规矩到了唐朝更为严格，甚至到了“宁道孔孟误，不言贾（逵）马（融）非”的可笑程度。不但孔颖达的《五经正义》如此，甚至连贾公彦的《仪礼疏》、《周礼疏》等都是一样。旧注对的，疏也不错；注错了，疏也曲为之说。在《毛诗正义》中如遇到毛、郑冲突之处，孔颖达就成了“两姑之间难为妇”，勉强牵合打圆场，疏文简直要不成样子了。因此，《五经正义》尽管在形式上相对于两汉是有发展了，但在思想上却表现出了相当的保守性。

《五经正义》的编排体例，大致是先在正文和旧注之后用“正义曰”标目，总括章节经文义旨，然后各随文注释，阐发义理；最后对注文进行诠释。在诠释中，《五经正义》显示出了与汉代经学不同的特点，不像汉人那样重在明经，而是更着重于辨明诸家立说的是非，即在纷纭的众家经说中找出正确而且“正统”的解释。因此，它需要有充分的理由详细说明前人为什么这样训释。这就不仅仅涉及词义问题，而且涉及名物礼制的考证以及语法修辞问题等（尤其在语法和修辞表达方面，《五经正义》有许多开创性的工作，成就远超汉代人）。在语义方面，《五经正义》的主要贡献：一是保存了古义。二是进行古义的考证，其考证方法比以前更加丰富，为清代考据学的建立奠定了基础。清代考据学常用的内证法、外证法和理证法，在《五经正义》中都已粗具规模。《正义》中的内证，有多方面，如通过“连文”、“共文”来考证，或通过“对文”证，或通过上下文义证，或通过行文的趋向证，还有通过文章的主旨来考证等等。其外证法则主要是征引故训、史料或异文来考证。其理证法主要有三个方面：一是根据字形、字音来考证。如《诗·大雅·云汉》“胡宁瘨我以旱”笺：“瘨，病也。”正义：“以瘨字从病类，故为病也。”又《诗·大雅·桑柔》“多我觏痻”笺：“痻，病也。”正义：“痻字从‘疒’而以‘昏’为声，是昏忽之病。”二是根据词义的引申线索来考证。如《诗·豳风·狼跋》“德音不瑕”传：“瑕，过也。”正义：“瑕者玉之病，玉之有瑕犹人之有过，故以瑕为过”。三是根据语法来考证词义。这一点在正义中也很常见而且容易理解，无须多谈。《五经正义》考证所遵循的原则，一是力求近古，在征引材料时以古为贵；二是紧紧地联系经文，把经义作为考证的出发点和归宿；三是征引务博，尽可能地广征博引，用以加大证明的力度，以至有时显得过于烦琐了。

《五经正义》在训诂学上有独特的地位，它起着承前启后的作用。尤其在考证这一点上，《五经正义》继承了六朝人义疏中的考证法，并把它推进到较系统化、科学化的阶段，对清代的考证学有较大的影响。但是，《五经正义》也有明显的局限性，首先是考证目的的狭隘和“疏不破注”的束缚。正义的目的是为证实旧注已有的结论，给它找凭证，因此降低了考证的标准，甚至在旧注错误时也曲循墨守，无形中使自身减色不少。其次是孔颖达等人不明古音（唐朝人大多如此），因声求义一法的运用软弱无力，使考证的成就受到很大影响，或是发生错误，或是只证其然而不能证其所以然，或是干脆明说“其训未闻”，因而《五经正义》的训诂也始终附会在汉魏传注之上，只会引申曲附，未能登堂入室。再次是在考证中缺少一项严格的原则，没有“综合归纳法”，其科学性受到影响。最后是《五经正义》杂出众手，缺乏内部的系统性和协调性，时有自相矛盾的现象，这是一部高水平著作所应该避免的。

当然，造成这些局限性的原因是很复杂的，有政治上的原因，也有当时学术水平和学术风气的原因，甚至还有个人的原因等。总之，《五经正义》是对南北朝以来义疏学的全面清理和总结，它的主要功劳在于存古而非创新。

5 小结

这个时期由于儒学不再独尊，儒、佛、道三家争霸，以及战乱频仍，一方面，使得训诂学对经学的依赖不再那么紧密，注意力扩展到史、子、集部，出现了一批传注嘉制；另一方面是原有的经说章句衰落和玄学、佛学的兴盛。又此时去古渐远，由于语音和词汇的变化和反切的发明，使得音义之学在魏晋时期风行一时，训诂学者们进一步觉察到了字词的音义关系，把注音释义结合在一起，进一步促进了人们对音义关系的探究。集注类和义疏类传注体训诂的创立，除了表明训诂学的研究已经有了相当的积累之外，同时表明了现实对训诂学已经提出了新的要求，原有的训诂学已经满足不了需要，有必要重新进行整理和发扬光大了。可惜的是他们对于古音知识所知甚少，不但未能很好地领略汉代人以声音通训诂的妙处，而且自己在讲解语音问题时往往有误，如孔颖达《五经正义》中常提到"音相近"，大多是不确当的，这使得音义关系的研究未能取得突破性的进展。更兼这一时期的人们人为地设立疏不破注的原则，妨碍了训诂学的健康发展，使他们的训诂学带有很大的保守性。

这一时期，学者们的视野不再局限在书本上，而能注意到方俗语，把方俗语引进了训诂学领域。郭璞注《尔雅》和《方言》，也经常引用晋代的方言俗语为依据。

另外，字学、雅学和音学开始向专门方向发展，各自产生了一批专著。它们既有区别，又互有联系，共同成为此时期专书训诂的重要内容。但到隋唐以后，由于文化大一统的风气熏习，发展得最兴旺的是那些正字书。

四 训诂学的转折——宋

理学的兴起和“六经注我”

唐末五代之间，天下大乱，弱肉强食，你抢我夺，掌权的人一个刚上台，又被另一个赶下去，封建的伦理道德尤其是君臣一伦，完全败坏。宋朝的开国皇帝赵匡胤看到了这种情况，想了许多办法来维护自己的统治。其基本办法就是拉拢知识分子，即争取士人的拥护。士与儒一体，一批继承了韩愈思想的士人，用一种改造过的儒学，为赵宋政权服务。韩愈的政治运动是重整伦常，他一方面辟佛老，一方面整伦常，这正符合赵宋王朝的需要。宋王朝有意识地扶持这种着重讲伦常的儒学——宋学。宋学于是发展起来了。

宋学的发展还有一个原因，即与宗教的斗争。佛、道的教义尤其是佛教的教义，和儒家的忠孝思想是对立的，但是佛、道对于统治阶级的统治又有很多好处，因此宋王朝一方面不废佛道，另一方面要借重儒家来重整伦常纲纪，甚至用儒学来改造佛道。因此，宋学是以儒家伦理思想为核心，而又糅合了佛、道思想的，它又称作“理学”或“道学”。

理学是在特定历史条件下产生的代表中国封建社会后期整个统治阶级利益的官方哲学。它的一个重要说法，就是“存天理，灭人欲”，把封建伦理道德和等级制度看成天经地义的最高准则，是所谓“天理”，而人们的思想感情却被无情地压抑。理学的先驱，可以上溯到唐朝的韩愈。韩愈提倡“文以载道”，用经学反对佛教，在儒学中寻找哲理。为了说明某个道理，他甚至改动经文来说经，开了宋学风气。北宋时，周敦颐把儒家的伦理思想与道家结合，开创了客观唯心主义理学。其后程颢、程颐二人又把此学说发扬光大，奠定了理学的基础。到了南宋，朱熹进一步援引佛、道入儒，完成了“三教归一”，成为理学的集大成者。与此同时的陆九渊，创立了主观唯心主义的“心学”，但是它未能在与理学的斗争中占据上风。

由于理学一开始就是一种斗争工具，它的目的性是极为明确的，因此，它的治学宗旨和学术风气，都是直接为自己的思想服务的。这一指导思想对训诂学产生了直接的影响，使得这个时期的训诂学呈现出两个特点：第一个特点是依据理学的体系对经文进行了较为主观随意性的解释，借经书为阐发理学服务。他们鄙薄汉儒的传统训诂，认为重视字词名物是“玩物丧志”。他们治经，是要用儒经来整顿伦常道德，从经中寻求义理，因此他们的注释中突破了传统传注的框框，由“我注六经”转变为“六经注我”，即把六经看成自己理学体系的立论依据。宋朝最重视的是《周易》、《礼记》、《春秋》3部经书，因为宋学要用《周易》来代替佛教的哲学，《礼记》中的井田制被宋朝人幻想用来当作寻求富强的法宝，而《春秋》讲尊王、攘夷，当然符合统治者的需要。这几部书是宋儒发挥义理学说的重要阵地。第二个特点就是敢于疑古。宋儒讲经学与汉人不同，汉人是笃守师法，宋儒则认为，凡合于理的便是师法，否则便不是。这就把汉唐认为"经"是神圣不可侵犯的一套都推翻了。敢于疑古本来也不是坏事，一种学问的发展总是以疑古为动力的。可以说，疑古使宋儒创发许多新义。而且，清儒虽然也口头上鄙薄宋儒的疑古，但实际上是继承了宋儒的疑古精神的。如朱熹怀疑古文《尚书》的真实性，把《诗经》里的一些诗篇看作情诗等，都是极有见地的。可惜的是，宋人的疑古大多没有足够的根据，因而荒谬之处很多。

2 宋代的注疏和朱熹的训诂学

由于时间的推移和经学学风的转变，宋代的注疏呈现出发展的趋势。他们注释的范围越来越宽，除了对经书和其他古籍作注以外，对唐人的诗文等作品也开始进行系统的阐释。其中，有许多注释显示出极为强烈的主观臆测的色彩，尤其是对《周易》、《礼记》、《春秋》的许多注释以及关于这些书的研究著作，许多议论实在发得过于"妄"。只是因为要阐扬自己的哲学而疑古不已，妄改古籍，成了一时的风气，使得自己的言论、文章的价值自然而然地变小甚至于不值一顾了。但是，也有不少颇有地位的训诂学家和训诂著作，如今本《十三经注疏》中就有四种疏是北宋前期人所作，即邢昺的《论语注疏》、《孝经注疏》和《尔雅注疏》以及孙奭的《孟子注疏》（《孟子正义》）。邢昺（932～1010年），字叔明，曹州济阴（今山东菏泽县）人。太平兴国（976～983年）初擢九经及第，授大理评事，累官至礼部尚书，死后赠左仆射。他的官职中有不少是学官，有的虽非学官，却也兼讲学之事。他常在东宫及内廷讲授群经，既依据前人传疏，也引时事为喻，深得朝廷宠信。咸平二年（999年）曾受诏与杜镐、舒雅、孙奭、李慕清等校定《周礼》、《仪礼》、《公羊传》、《谷梁传》，并改定《论语》、《孝经》、《尔雅》的旧疏，颁列学官。他的《论语注疏》是以南朝梁皇侃的《论语义疏》为基础，除去枝蔓，加以阐发义理而成。此书虽对“圣人旨意”的阐发还不够精微，但是对训诂名物的阐释是很详尽的，所以邢疏一出，皇疏的影响便渐渐微弱了。他的《孝经注疏》是奉敕据唐玄宗《孝经注》而作的，是以唐元行冲的疏文为蓝本，加以剪裁，再下己意而成。前人的不同见解，也一并收入，并大量补充了注释所依据的经传原文，使注文意义与儒家诸经的经义融会在一起。《孝经注疏》进一步确立了今文《孝经》的地位。《尔雅注疏》多采用《毛诗正义》，有时也采用《尚书正义》、《礼记正义》作为己说，阙略不少，在《十三经注疏》中质量相对较差，南宋时已有人不满意。

《孟子正义》旧题孙奭撰，但古来有人提出此书不够精妙，是假托孙奭。

此外，较有价值的注疏还有欧阳修的《毛诗本义》、王安石《三经新义》和洪兴祖《楚辞补注》等。但是，在宋代的训诂学家中，地位最高、影响最大的当推南宋的朱熹。

朱熹（1130～1200年），字元晦，一字仲晦，号晦庵，晚年自号晦翁、云谷老人、沧州病叟、遁翁。因曾徙居建阳（今属福建省）考亭，又主讲紫阳书院，故亦别称考亭、紫阳。徽州婺源（今属江西）人。他少年时从父学习，19岁中进士，22岁作泉州同安县主簿，任满后师从程颐的三传弟子李侗学程氏理学，成为儒家道统谱系中的重要人物。此后他多次出仕，官至焕章阁待制兼侍讲。他一生的主要精力用于聚徒讲学，研究学问，著书立说。他治学广博，在经学、哲学、史学、文学、乐律乃至自然科学领域都有较深的造诣。他著述繁富，主要有：《周易本义》、《易学启蒙》、《蓍卦考误》、《诗集传》、《大学章句》、《中庸章句》、《大学或问》、《中庸或问》、《论语集注》、《孟子集注》、《论语或问》、《孟子或问》、《太极图说解》、《通书解》、《西铭解义》、《楚辞集注》、《楚辞辨证》、《韩文考异》等。所编辑的书有《论语集义》、《孟子集义》、《孟子要略》、《中庸辑略》、《孝经刊误》、《小学》、《资治通鉴纲目》、《宋名臣言行录》、《古今家祭礼》、《近思录》、《程氏遗书》、《伊洛渊源录》等。刊成《朱文公文集》100卷、《续集》11卷，《别集》10

卷，《朱子语类》140卷，还有《朱子遗书》、《朱子遗书二刻》等。由于他的思想适应了统治阶级的要求，得到了统治阶级的支持，所以他的学说影响很大。尤其是他的《四书集注》即《大学章句》、《中庸章句》、《论语集注》、《孟子集注》的合编，影响最大，它作为科举考试的标准，统治了中国经学近七百年。

和其他的宋儒比起来，朱熹有其独特的地方。首先，他对名物训诂比较重视，公开主张"解经只要依训诂说字"。在当时一味推倒旧说、创发新义的风气中，这种做法是极为可贵的。他在注释古籍时，对大多数古训都能充分尊重，力求给予客观的评价，从而使自己言出有据，避免无根之谈。在他所作的《周易本义》、《诗集传》、《四书集注》、《楚辞集注》中，虽然也贯穿着理学的说教，但是对于字词训释和名物训诂占据了很大的分量。他吸收了大量先贤的说解，或是直接录用，或以更简洁通俗的语言表达，或换用自己习用的术语，或作进一步的解释，化古训为己说。对于训诂，他认为应该重视对字词的"字画音韵"即形、音、义的说明，从释词着手，由词义、句意的诠释体现文意。他还指出要把歧义的语言现象作为训释的重点，根据具体的语境对训释对象作出合理的解释。朱熹虽也和同时代的很多理学家一样，好疑古，不迷信古人，不盲从古注，有敢于创新的精神，但是对于古人的名物训诂，他的处理是比较慎重的。其次，朱熹在继承传统训诂学的基本原则和方法的同时，形成了守注疏以治训诂、由训诂以通义理的独具时代风格和个人风格的训诂学。朱熹自己是一个理学家，这是不必说的。他注经是为了发挥自己的说解，但不是空言说经，而是通过注疏和考据，使注疏考据与推究义理相辅相成，以注疏考据明义理，寓理学于注疏考据之中。再次，朱熹很推崇汉儒尤其是郑玄注释的简明和质朴，他自己的古籍注释，也非常精练，正如他自己所说，“不多一字，不少一个字”。

朱熹传注训诂的成就在宋朝是最高的，由于社会原因，对后世的影响也是最大的。可惜元明的学者并没能继承他的训诂方法和治学精神，而是一味发挥其理学思想，以至于训诂学未能达到应有的成就。

3 《说文》学的兴起和训诂理论的归纳

在五代末宋初，出了一对了不起的兄弟——徐铉和徐锴。他们对许慎的《说文解字》第一次进行了真正意义的全面整理和研究，为《说文》学的发展奠定了基础。《说文》在东汉产生以后，即受到了社会的重视，一直受到历代学者的推崇。但由于《说文》是以小篆为质，后代人一般却只认识隶书、楷书，加上《说文》说解非常简明，一般人不易领会，而且语音也发生了变化，有许多谐声偏旁已经不太明显了，因此《说文》传本讹误越来越多。在唐大历年间，曾有一个叫李阳冰的学者刊定《说文》，但他对文字的说解，大多是逞臆妄说，穿凿之处很多，远远地违背了许慎

《说文》解释文字的六书原则，使《说文》更失去其本来面目。

徐氏兄弟正是在这样的情况之下，进行了《说文》的整理和研究。徐锴的《说文解字系传》一书先成，徐铉校订本晚出。徐锴（920～974年），字楚金，扬州广陵（今江苏扬州）人。仕南唐，历任屯田郎中、知制诰、集贤殿学士。南唐降宋后，拜右内史舍人。徐锴博闻强记，精于小学，著有《说文解字系传》、《说文篆韵谱》等。由于徐锴和他哥哥徐铉都研治《说文》，成就卓著，所以人们把徐铉称为大徐，徐锴称为小徐。

徐锴著《说文解字系传》的目的，即是要"考先贤之微言，畅许氏之玄旨，正（李）阳冰之新义，折流俗之异端"。此书共8篇，40卷。卷1至卷30为"通释"，解释许慎原书的说解，凡自为诠释及征引经传的地方均加"臣锴曰"或者"臣锴按"以加区别，注后并附时人朱翱的反切注音。卷31至卷32为"部叙"，模仿《易·序卦传》推陈《说文》540部排列次序的意义。卷33至卷35为"通论"，主要阐释文字结体的含义。卷36为"祛妄"，驳斥前人（主要是李阳冰）说字的谬见。卷37为"类聚"。把一些字归纳成类，并分别说明各自的取象。卷38为"错综"，从人事推阐古人造字的旨意。卷39为"疑义"，论列见于偏旁而不见于正文的字以及字体与小篆不合者。卷40为"系述"，实即"自序"，说明各篇著述之旨。此书之所以取名"系传"，清人钱曾《读书敏求记》中曾推度说："盖尊（许）叔重之书为经，而自比于（左）邱明之为《春秋》作传也。"

徐锴的贡献是多方面的。首先，是他师尚《说文》，发挥许氏的说解，对于许书的条例，也多有发明。他不同意有的人随意解说许书，奋起祛妄。这都可以说是许书的功臣。其次，徐锴在语言文字理论方面，也有不少创见。如字（词）义引申问题，虽在唐人孔颖达《五经正义》中偶有谈及，但徐锴已自觉地把它作为一个问题来加以探讨，他对词义系统已经有所揭示了。又如因声求义问题，可以说徐锴对这一方法用得最多，而且比起前人有较大的突破，对词汇的同源系统进行了一些有益的探讨。再次，是在六书理论方面有突破，开启了六书学的研究。自徐锴以后，在宋元明各代，六书学都很兴盛，它变革《说文》的体例，以六书统率文字研究。六书学的始祖一般认为是南宋郑樵。其实，郑氏所著的《六书略》中，对六书的阐发和处理明显地带有徐锴影响的痕迹。

由于时代的局限，徐锴的《说文解字系传》也存在着一些疏漏。如不明古音，把形声字误认为会意字；好以义理说解文字等。但是这些都不足以影响这部书的价值。

如果说徐锴是重在发挥许书旨意的话，那么，徐铉就是重在校定《说文》。徐铉（916～991年），字鼎臣。仕吴，为校书郎，后任南唐礼部侍郎、尚书右丞、翰林学士、吏部尚书。入宋，任太子率更令，加给事中，出为右散骑常侍，迁左常侍。贬靖难行军司马，76 岁卒。他在任右散骑常侍时，奉诏与句中正、葛湍、王惟恭等一起校定《说文》，即世称的“大徐本”。他们的原则是“务援古以正今，不徇今而违古”，充分尊重古人。他们的校定工作大致包括：（1）增加注释。凡所补注，都题上“臣铉等曰”，所引李阳冰、徐锴之说，也都署其姓名。（2）增加反切。许书本无反切，徐锴《说文解字系传》采用朱翱反切，徐铉校定本则改用孙愐《唐韵》反切。（3）增加新附字。凡经典相承传写以及时俗要用之字但《说文》未收录的，都补录在每部末尾。新附字共有 402 字。此书成书于北宋雍熙三年（986 年），以官修本颁行天下，盛行于世，形成了宋朝以后《说文》定于一尊的局面。

徐锴的《说文解字系传》从理论和实践上奠定了许学的基础；徐铉校定《说文》则使后世有了较为完整的本子。二徐以后，《说文》学开始发展起来了。可以说，二徐开辟了研治《说文》的新天地，是振兴许学的功臣。

在这个时期，还进行了字义训诂方法的探讨和训诂理论的归纳。较有代表性的是王安石的“字说派”和王圣美的“右文说”。王安石（1021～1086 年），字介甫，号临川，抚州临川（今属江西）人。在历史上，他主要是以政治家闻名。但是他在学术上也花费了不少心血，撰有《三经新义》（解释《诗》、《书》、《周礼》三部经典）。他的做法是尽废先儒传注，全凭主观臆测，因此从学术上看没什么价值。《字说》是他晚年所作，共20卷，今已佚。据他自序说，他是读了《说文》之后，有所悟而作的。他的文字观是一点一画、一形一声都有意义，因此他说字，全以会意为纲纪，无论是象形字、指事字还是会意字、形声字，他都依照会意来解释。比如说"波是水之皮"、"坡是土之皮"等，真正是变六书为一书，有许多地方非常可笑。《字说》的出现有很多社会原因，也有王安石自身的原因，可以说有一定的必然性。但是，由于他所用的方法有误，其结论也多乖谬。《字说》渊源，主要是北魏阳承庆的《字统》。由于王安石的特殊身份及其他原因，《字说》问世后影响很大，许多学者非《字说》不学，先儒的注疏都被罢黜。从这一点上看，《字说》在历史上产生了消极的影响。《字说》的价值，仅在于它意识到了对训诂指导方法的探讨。

另一派是以王圣美为代表的"右文说"。王圣美，名子韶，山西太原人，与王安石同时。王圣美说解文字，创立"右文说"，既与王安石主观臆说文字相对立，又与传统的声训有质的不同。这一观点的核心是同一声符的形声字都具有某种相同的意义。由于汉字形声字的声符大多居于右侧，故称"右文说"。王圣美曾作《字解》20卷，但原书已佚，其貌不得而知。但是在宋人沈括的《梦溪笔谈》中记载了"右文说"的要点："王圣美治字书，演其义以为右文。古之字书，皆从左文。凡字，其类在左，其义在右。如木类，其左皆从木。所谓右文者，如戋，小也。水之小者曰浅，金之小者曰钱，歹之小者曰残，贝之小者曰贱，如此之类，皆以戋为义也。”

从今天的观点看来，“右文说”有其正确、合理的一面，声符同则其义相通，这种现象确实存在于部分汉字之中。但是，它的局限性是很大的。首先，声符表义有条件，并非所有的声符都表义，语言中的音节和文字上的形体都是有限的，偶然同音和偶然同声符的字大量存在，如羒（牡羊）、鼢（偃鼠）、盆（瓦器）、邠（地名）都以“分”为声符，但意义上没什么联系。如果认为同声符的字意义都相通，就必然会使词语的探源和训解失于泛滥和牵强。因此，它有“以偏赅全”之弊。其次，大量读音相同或相近的字，虽然其声符不是同一形体，但其所表之义有可能同出一源，也就是说，声符表义有音借现象。如“鼖”，大鼓；“墳”，大防；“颁”，大首貌；“汾”，大也。“卉”与“分”形体不同，但是以这二字为声符的一组字声相近，义亦相通，是同源字（词）。“右文说”拘于形体，势必会把很大一部分本来属于同源关系的词排除在外，使词义的探源和训诂失之狭隘。因此它又有“偏不赅全”之弊。

尽管如此，“右文说”出现的意义是极为巨大的。中国的小学长期以来依附经学，传注笺疏，都是随经文而出现。即使有各种字书，也大多是立训的角度不同而已，其着眼于单个字词的训释则同。其特点是零碎，没有具有系统性的探讨语义的方法，过于注重实用而忽视理论的概括。因此唐朝以前的训诂研究，综合概括的研究很少。王圣美的文字训诂研究则是自觉地用“右文”为指导准则来进行的，它不再像以前的训诂着重于字词个体的研究，而是有意识有目的地着重于探讨文字系统和词义系统的关系，着重于总体性的规律性的探讨，可以说是最早的具有系统性的方法。“右文说”的出现，一方面表明了训诂研究有了独立性的倾向；另一方面也表明了这一学科的研究由粗糙开始走向精密。比如唐以前的声训，数量虽然繁多，但其立训并无准则，各人可以根据自己思想表达的需要找一个甚至多个音同或音近的字词为训，因此，同一个字词，却可能出现好几个意义毫无联系的训释。从语言学的角度说，这是不够严肃的。“右文说”提出以声符为准则，恰恰是对于先前声训随意性的反动，是革除先前声训弊病的一种有效手段。它在揭示词的同源问题上是一个突破。可以说，“右文说”的出现是训诂学上的里程碑，它为元明清的训诂研究开辟了一条崭新的道路。

“右文说”的渊源，一般认为是晋朝杨泉，其《物理论》中论臤字说道：“在金曰坚，在草木曰紧，在人曰贤。”在唐代，有通过形声字声符求义的，如《诗·大雅·桑柔》篇郑笺：“痻，病也。”孔颖达疏云：“痻字从病而以昏为声，是昏忽之病。”到了徐锴，更有通过形声字声符或同音字词来系联同源词以求义的，如《说文·禾部》“稃”字下徐锴系传云“稃（即粰字）即米壳也，草木花房为柎，麦之皮为麸，音义皆同也。”通过这些线索来看，“右文说”的出现不是偶然的，而是历代语言文字研究发展的结果。

小结

宋朝是训诂学转折的时代。从经学上说，它由先前的“汉学”转变为“宋学”，理学中对性理的发挥直接影响了一代训诂学，学者们好骛高远精微之论，缺少扎实深厚之功。从学风上说，宋人不像前人那样笃守古义，而是以“我”为中心，对古训一概怀疑、推倒，创发大量的新说，并以新说发挥自己的哲学思想。从训诂理论上说，有些学者提出了一些新的问题，对一些规律性的问题进行探讨，为以后的研究打下了基础。像徐锴、徐铉整校《说文》，虽然主观上是祛妄复古，客观上却为《说文》学的兴起提供了充分的准备。

这一时期的学者在“雅”书的编撰方面有一定成绩，对于某些方面的特殊词汇的汇释常有精到之处，如陆佃著有《埤雅》，汇释动植物词汇。罗愿著有《尔雅翼》，汇释鸟兽虫鱼草木之名等。在韵书的编撰上成就较大，产生了《广韵》、《集韵》这两部重要的韵书。《广韵》的修撰者为陈彭年，《集韵》的修撰者为丁度。由于这两部书收字多，而且保存了不少旧训和当时的新义，因此，它们不仅是音韵学的重要典籍，也是训诂工作者必读的书籍。此外还有司马光等人编纂的《类篇》等。

宋人不通古音，在探求词义的时候多有穿凿。二徐校理《说文》，由于昧于形声相从之例，对于形声字的处理有很多不当的地方。至于王安石等人说字更是随意作解，荒诞不经。但是宋人在三个领域的研究上已开始萌芽：一是古音学的研究，主要代表是吴棫，他著有《毛诗叶韵补音》和《韵补》，对当时盛行的"叶韵"说提出了异议，认为古代的韵文"莫不字韵音叶"；二是六书学的研究，自二徐以后，郑樵等人改变《说文》体例，专以六书统率文字研究，开创了文字训诂研究的新领域；三是古文字学的研究，主要人物有吕大临、王黼、赵明诚、王俅、薛尚功等。

总而言之，宋人的训诂学有其弊端和局限，但它对传统训诂学有不少的突破，在许多新的领域，都进行了大胆的探索。尽管由于诸多原因，在当时没能取得更大的成就，但是对于后人的启发是极多的。清朝训诂学的许多重大成就，实际上都是把宋代训诂学的某些方面发扬光大的结果。

五　训诂学的萧条——元明

1　萧条的原因

元明的经学是宋学的延续，尤其是朱学极为兴盛。元朝是少数民族统治时期，对于文化的建设不是特别重视，它虽在思想上确定朱熹的道统，但没有什么发展。明代实行科举制度，定《四书集注》为官本，思想和学术都受到禁锢。由陆象山到王阳明这一派的“心学”越来越趋于佛教化，学风变得空疏。宋学的弊病本来就在于空谈心、性、天道等抽象的东西，但宋学初期的一些大家，如程、朱，还是比较重视实践的，也还有一些真才实学。不少宋儒虽然尽废古义，但因学有根底，所以还能自成一家。元明就不一样了，宋人的长处他们没学到，宋学的弊端他们却继承和发展了。元代学者多不能深研汉唐注疏，只是株守宋人学说。明代学者又大多株守元人学说，宋人书他们只读朱注《四书》，连《五经》也不读。他们没有真才实学，光事空谈，学风败坏，儒学之士陷于伪道。明朝的八股文，就是典型的宋学的文风。明朝的灭亡和士大夫阶层不务实学、光事空谈很有关系，因此，许多有正义感的士人，对程朱之学的流弊是很痛恨的。在这样的风气浸染下，元明人在经传的注疏方面成果很少。在训诂理论的探讨上主要是沿着“六书学”和“右文说”缓慢发展。在训诂专著的撰写方面，高质量的并不多。

到了明朝末年，上述情况有了根本性的变化。许多有识之士看到世人空虚浅陋，士人除八股以外一无所知以及理学家空谈性命，深感知识界空虚无聊，于是提倡“实用之学”，即经学和史学，被宋学废弃的古典书籍逐渐受到重视，明人讲求文字学、音韵学、校勘学、目录学、辨伪学，实际上都是读古书的准备功夫。这些学说成了清朝新汉学的先驱。这批主张经世致用的学者主要有黄宗羲、顾炎武、王夫之等。

2 元明训诂学的成就概说

总的来说，这一时期的训诂学虽说是较为萧条，但有些学者在训诂实践上还是做了不少工作。其实不管是何种学术，其趋向总是向前发展的，只是发展有快慢的不同而已，因为学术的发展说到底是个积累的过程。训诂学也是如此，元明人在前人长期的实践基础上，也有一些创新。尤其是到了明末，训诂学已经开始具备飞跃的条件了。

元明训诂学的成就主要表现在 3 个方面：经传注释和研究有成绩；有一批训诂专著和新学说；字书编

纂有了新的发展。

元明人的古籍研究和注释，范围不是很宽，较有影响的有元胡三省的《资治通鉴注》、明梅鷟的《尚书考异》和明朱谋㙔的《周易象通》等。

胡三省（1230～1302年），字身之，号梅磵，浙江天台人。南宋宝祐四年（1256年）进士，除朝奉郎。宋亡后，隐居深山。他博学善文，尤其笃好史学，自幼好读《资治通鉴》，从中进士那年起就开始给它作注释，先依陆德明《经典释文》的方法著成《资治通鉴广注》97卷及论10篇，但文稿在战乱中散失。宋亡后，胡三省又重新作注，著成《资治通鉴音注》（又称《新注资治通鉴》，后人一般称《资治通鉴注》）。

从语言学的眼光看来，此书最大的特点，就是重视考证，这在当时的风气中是难得的。它考证的范围很广，凡是《资治通鉴》所涉及的历代典章名物制度，如赋税、职官、舆服、天文、历法、乐律、刑法变迁、少数民族来历，乃至草木虫鱼名状等，无不考释周详。所释地理沿革，尤以精审见称。胡氏注重对字词的训释，特别注重解释音义，兼有校勘断句。对原文史实，补其未详，正其疏误。凡是书中史实与前后事有关涉的，一定注明事见几卷几年，或注明为某事张本，以便融会通观。注文征引广博，而且标明书目，不少佚文因此得以辑录，大批有用史料赖以传世。总之，《资治通鉴音注》是一部立论精辟、内容广泛的学术专著，不仅在史学领域有很深的影响，在语言学领域也有较高的地位。

《尚书考异》的作者是明朝人梅鷟。梅鷟字致斋，正德八年（1513 年）举人，官南京国子监助教。梅鷟认为《古文尚书》属子虚乌有，他怀疑孔壁所出的 16 篇为孔安国伪造，又认为东晋皇甫谧伪造 25 篇，冒称古文。其实，宋朝人已经从文字的难易方面对《古文尚书》提出疑惑了。宋人觉得奇怪的是，为什么《古文尚书》反而比今文容易读呢？因此怀疑古文不可靠，但是没有具体论证。梅鷟则大力搜寻《古文尚书》的破绽，提出了许多确凿的证据，理由充分，切中要害，把《古文尚书》完全推倒，为后来阎若璩等人的工作奠定了基础。

元明的训诂理论集中体现在各种训诂专著中。这些训诂专著重要的有宋末元初戴侗所著的《六书故》、明末方以智的《通雅》和黄生的《字诂》、《义府》。

戴侗，字仲达，永嘉（今浙江永嘉县）人。南宋理宗淳祐（1241～1252 年）进士，由国子监簿守台州，调任秘书郎。戴侗认为六书是研究学问的入门功夫，所以编写了《六书故》一书。《六书故》改变了《说文》分部别类的方法，创造了新的分类法，最先作了突破《说文》按部首编排而另立门类的尝试。戴侗按照“方以类聚，物以群分”的原则，在《六书故》中分成 9 类，计有数、天文、地理、人、动物、植物、工事、杂、疑；又立 479 个目（其中有独体文 180 个、合体字 245 个、疑文 45 个），各按字义分别归入 9 部之中；每目之下又以“六书”如指事、象形等顺序编次词条。他的这种编排法，有些近似类书，检字也有许多不便。

《六书故》在文字训诂上有许多独到之处。首先，书中明确地列出字的本义（也称“正义”）和借义（分为引申义和假借义），有的地方还特意说明某一义项行而某一义项废，这些对词义的运动发展的说明，都是很了不起的。其次，也是更重要的是，他在训诂的时候把对声音的重视和“右文说”的研究成果综合起来了。他对声音是很重视的，认为应“因声求义”。他明确地指出：“夫文，生于声者也。有声而后形之以文。义与声俱立，非生于文也。”把声音和意义直接挂钩，超越了先前的文字形体直接表义的说法。他认为，象形、指事、会意三者，“虽不求诸声，犹未失其义也。至于谐声，则非声无以辨义矣。”至于假借，“求诸其声则得，求诸其文则惑”，因此，他明确提出应该“因声以求义”，他说：“夫文字之用，莫博于谐声，莫变于假借，因文以求义而不知因声以求义，吾未见其能尽文字之情也。”（以上并见《六书故·六书通释》）可见他对音义关系的认识已经颇为深刻了，他的因声求义也已经是建立在对声义关系的理性认识的高度上了。同时，戴侗的训诂研究还吸收了“右文说”的研究成果。他说：“六书推类而用之，其义最精。‘昏’本为日之昏，心目之昏犹日之昏也，或加心目焉。嫁娶者必以昏时，故因谓之昏，或加女焉……夫岂不欲人之易知也哉？然而反使学者昧于本义，故言婚者不知其为用昏时……”（《六书通释》）他所谓的“六书推类”实即右文，可见他已经是自觉地把“右文说”

当作研究的指导方法。在《六书故》的具体训释中，利用右文为手段的地方比比皆是，或是推求同源词，或是推求词义，等等。

如果说“右文说”一法还未冲破文字形体因素的束缚的话，那么，戴侗更为可贵之处还在于他同时还能不囿于右文，而着重于从声音线索上寻求词义，“声义互相求”，如《六书故》卷九：“奚何胡曷一声之转，其义一也。”又卷二十一：“末，木杪也……末蔑莫声相通，故又与蔑莫同义。”在《六书故》中，运用“一声之转”、“声义相通”、“声义与某近”等术语的地方是很多的。这些方法，其实都被清代人所继承，成为清人因声求义的重要手段。

在求义中重视声音因素，同时注意进行规律性的探讨，综合起来看，戴侗实际上开了清代因声求义的先河。

戴侗以后较有成就的，有明末的方以智。方以智（1611～1671年），字密之，号曼公，又自号浮山愚者、鹿起山人。安徽桐城人。崇祯进士，官翰林院检讨。入清为僧，法名弘智，字无可，人称药地和尚。他工诗画，善书篆，爱好小学，精通考据。一生著述百余种，主要的有《古今性说合观》、《一贯问答》、《物理小识》、《通雅》等。

《通雅》是一本语言学著作，共52卷。名为《通雅》，是取法于《尔雅》而又无所不包的意思，与南宋郑樵著《通志》、马端临著《文献通考》是同一含意。《通雅》卷首附有5篇论文，前3篇《音义杂论》、

《读书类略》、《小学大略》是关于文字、音韵、训诂的通论，后2篇《诗说》、《文章薪火》谈论诗文，都不入卷数。正文卷一、卷二《疑始》专论古篆古音。卷三至卷四十九分《释诂》、《天文》、《地舆》、《身体》、《称谓》、《姓名》、《官制》、《事制》、《礼仪》、《乐曲》、《乐舞》、《器用》、《衣服》、《宫室》、《饮食》、《算数》、《植物》、《动物》、《金石》、《谚原》20类，大略是仿《尔雅》体例而有所增加。各类下又有子目若干，如《释诂》分缀集、古隽、謰语、重言4种；《天文》分释天、历测、阴阳、月令、农时5种等。卷五十是《切韵声原》，卷五十一是《脉考》，卷五十二是《古方解》，这3卷又是专论。此书内容极为广博，涉及了当时社会生活的各个方面，兼包了文字、音韵、训诂之学等，可以说是一部百科性质的词典。

《通雅》讲名物、象数、训诂、声音考证的目的，在于辨名物，审音义，推究语源。方氏推究语源的重要方法之一，就是因声求义。他说："欲通古义，先通古音。"他的训诂实践明显地受到戴侗的影响，在不少地方直接袭用了《六书故》中的成说，"一声之转"的运用也较戴氏更为广泛，如"亡、勿、毋、莫、末、没、毛、蔑、微、不、曼、瞀盖一声之转耳"，"尔、你、而、若、乃一声之转"，"徒、特、独、但、第同声相转"等等。更为难得的是，方以智还能利用因声求义进行考据，即他所说的"以音通古义之原"，在某些方面，超过了戴侗。《通雅》的考据，大多较为精核，引证广博，词必有征，这在明代的考据家中，真是卓然特立，直接影响了清初的顾炎武、阎若璩、朱彝尊等人。可以说，他对清朝的许多人都有较大的影响。

在元明时期，字书的编纂也有一定的成绩，较有代表性的，有明人梅膺祚的《字汇》和张自烈的《正字通》。梅膺祚，生卒年不详，字诞生，宣城（今安徽省宣城县）人。《字汇》卷首有梅膺祚的哥哥梅鼎祚的一篇序，写于明神宗万历乙卯年（1615 年），此书当成书于此之前。全书正文以子丑寅卯辰巳午未申酉戌亥十二地支标分十二集，加上首卷及末卷的附录，共 14 卷，收字 33179 个。

《字汇》是自《说文》以来中国字书史上的一部划时代的著作。它的编排体例有不少创新：第一是简化了自《说文》以来的字典的部首，共分 214 部，避免了原来分部过于烦琐的毛病，把能合并为一部的字都并在了一起。可以说，《说文》的部首分法是遵循文字学原则，严格依照六书的体系，而《字汇》的部首分法是依照检字原则，为了便于检字，“论其形而不论其义”。后来的字典基本上都采用了检字原则分部。第二是部首排列次序和各部首下属字排列次序的改革。凡部首的排列和各部中字头的排列都按笔画多少为先后，不像以前的字典那样漫无秩序，这样易于检索。第三是首卷后附“检字”，排列那些不易辨明部首的难检字，使读者可以按照笔画在这里寻检；每卷开头还有一个表，载明该卷所有各部首及每部所在的页数。这些做法都便于读者翻检，是一个很大的进步。

《字汇》的收字原则是："皆本经史通俗用者"，怪僻的字都不收录。它对每个字都是先注音后释义。注音先列反切，后加直音。直音中有声无字的，就用平上去入四声互证之，如说："某平声"、"某上声"等等。音近而未确的，就说"音近某"。释义是依次排列各项常见意义。

总之，《字汇》由于对传统字书编排进行了革新，更适合大多数人查阅，因此，尽管它存在着一些缺点，但是对后世字书的影响还是很大的。

《正字通》旧本或题明张自烈撰，或题清廖文英撰，或题张自烈、廖文英同撰，各本不一样。清钮琇说这部书本是张自烈所编纂，被廖文英买到，据为己有。从凡例看，此书是为了补正《字汇》的缺漏和错误而编纂的，因此分部及排字等体例与《字汇》相同，还把《字汇》首末卷的各种附录都排在正文之前。它与《字汇》可算得上是姐妹篇。

字书之外，元明间还出现了一些"雅学"方面的著作，也值得注意。除《通雅》外，较有名的还有明末朱谋玮的《骈雅》等。朱谋玮，生卒年月不详，字郁仪，濠州（今安徽凤阳县东北）人。他是宁王朱权七世孙，袭封镇国中尉。万历（1573～1619年）中管理石城王府事。他极为博学，著有《周易象通》、《诗故》、《春秋戴记》、《鲁论笺》和《骈雅》等100多种。

"骈"是"骈偶"、"相并"的意思。此书专门收集古籍中冷僻深奥的复音词语加以诠释，一共7卷。

其体例完全模仿《尔雅》，分释诂、释训、释名称等13类。朱谋玮认为许多词都是“联二为一，骈异而同”，所以把两两成对的词放在一起，又往往用两个字来诠释。这部书征引非常广博，对经、史、子、集、小说中的材料都广泛搜集，加以解说，其中有许多奇文僻字，就是于词章之学也颇有裨益。

小结

元明时期的训诂学，总的说来是萧条的。其表现，一是注疏之学不兴盛，许多人热衷于科举八股，不愿意下真工夫做学问，学风空疏，所以在这方面的大学者少得可怜；二是专著方面有成就的也很少。大略说来，元明的训诂学基本上是两宋训诂学的延续。

在训诂学的萧条中也有两个方面较为兴旺：一是六书之学，在明朝出现了一大批六书方面的专著，可惜大多是主观臆造，穿凿附会。像《六书故》这样有些真实价值的，真如凤毛麟角；一是雅学，也出了一批书，但影响巨大的也不多见。

话说回来，在这样的时期里能出现《六书故》、《通雅》这样的著作，也真是个奇迹。从训诂学的角度看来，自声训而至右文说，自右文说而至戴侗把词词间的声音线索与右文说的综合，而至方以智的以古音通古义之原，更至于黄生的训诂实践，可以看出训诂学的理论是在不断地发展前进。清朝训诂学中的许多方面，在这时其实已都粗具规模，只是用得精与不精的问题了。

在明朝中叶以后，古音学更加受到重视。陈第著《毛诗古音考》，提出了“时有古今，地有南北，字有更革，音有转移”的著名论点，根本上推翻了“叶韵”说，标志着古音学的正式建立。在古音学方面进行过深入研究的还有杨慎等人。古音学的兴起为清代音韵学、训诂学的发展繁荣提供了必要的条件。

六 训诂学的鼎盛——清

1 训诂学复兴的原因

腐朽的明朝在农民起义的怒吼声中土崩瓦解了，紧接着是满族人入关，统治了中国。很多人，尤其是知识分子，都感到了亡国的切肤之痛。他们进行反思，认为亡国的根本原因是不读书，说空话，尤其是宋明理学家所讲的明心见性、明道穷性的一套理论，全是废话，主静主敬更是毫无道理，应该提倡经世致用之学。明末有一批学者，既关心国家危亡，也在认真读书，很有成绩。他们在文字学、音韵学、校勘学、目录学、辨伪学等领域都下了很大的工夫。这些学问进一步发展，就成为清朝的新汉学。清初的几个大学问家，就是在这种环境中成长起来的。正是他们，成了讲求“实用之学”的主力军，如南方的黄宗羲、顾炎武、王夫之，北方的颜元、李塨。顾炎武打出了“舍经学无理学”的大旗，痛斥明儒奢谈心性。清初学者对宋明理学虚伪性的认识，以及对明末空疏学风的厌恶，为开一代朴实、求是的学风奠定了基础。黄、顾、王等人既是思想家又是学问家，他们提出“经世致用”、“实事求是”的治学思想，引导人们把治学和治世结合起来。这种治学精神进入古籍整理和考据领域，就形成了重证据、重语言实际的学风，即所谓“朴学”学风。在这种学风的熏陶下，一大批有成就的学者迅速地成长了起来，而且形成了不同的学派，对清朝训诂学的繁荣起了非常重要的作用。

由于清朝是“外族”入主中原，因此自它一开始，民族矛盾和阶级矛盾就极为尖锐，驱逐满人的思想存在于很多人的心中。清朝统治者为了维护其统治，在政治上文化上对汉族的知识分子采取笼络和镇压等手法。在顺治时，统治者还顾不上对知识分子进行控制。康熙时则是尽量拉拢，如开明史馆，设博学鸿词科等，对不合作的知识分子也较为宽容。到了雍正时，由于统治者地位已十分稳固，对知识分子的控制就严厉起来了，对不愿意合作的士大夫，大兴文字狱，采取镇压手段。知识分子动辄获罪，轻者亡身，重者灭族，甚至株连数十百口。结果是知识分子人人自危，轻易不敢谈历史，尤其是明末史事，也怕写诗文了。从雍正到乾隆这段时间，文字狱越来越厉害，因文罹祸的学者数不胜数。于是一些学者不敢再谈政治，被迫改变了学术方向，钻故纸堆，并在这方面做出了很大成绩。这也是清朝小学兴盛的原因之一。

训诂学的长期积累和其他学术门类的发展为清

朝训诂学的昌盛提供了必要的方法和依据。自唐以后的训诂学虽然远不如两汉兴盛，而且还呈现出衰落之势，但是训诂学理论的研究，仍然是缓慢地向前发展的。如以前提到过的“右文说”的提出，以及对音义关系认识逐渐深刻等。到了明末，因声求义方法已有很大发展，考据学已日趋成熟。这都为清代训诂学的昌盛提供了必要的准备。此外，宋元以后发展起来的古文字学、古音学也开始向训诂学渗透，其研究成果为训诂学所吸收，很多训诂大家，同时也是古音学家和古文字学家。这两种学术给训诂学提供了丰富的养料，为训诂学的发展趋于精密提供了必要的保障。

明末清初，西洋天主教徒来中国传教，带来了一些自然科学知识如天文历算之学等，大受中国学者的欢迎。一系列科学的研究方法也逐渐为清代学者所掌握。清朝考据家如黄宗羲、梅文鼎、王锡阐、江永、戴震、焦循、王引之等，都兼长算学。我们在清代学者的书信中，也可以看到很多谈论西方科学的内容。他们把西方科学的研究方法引入训诂中，使其结论更为严密，更为精确，也更具有普遍意义。这也是清朝训诂学兴盛的一个外部原因。

2 清代训诂学的成就和特点

清代训诂学是训诂学史上最辉煌的时期。在这个时期，名家辈出，名著如林，无论是在研究的范围，还是在研究的内容和方法等方面都有重大的突破；无论是在训诂理论上还是在训诂实践上都比前代有质的飞跃。他们的成果之多，水平之高，是空前的。归纳起来，清代训诂学的成就主要表现在以下几个方面：

(1) 古籍的新注和整理研究。儒家的经典著作，清儒几乎都重新加以注释和研究，对史、子、集各部的重要文献，也都做了大量的工作。有些书的注家甚至有上百家之多。他们的整理和注释，从校勘入手，用科学的方法对典籍进行考据，尤其是他们充分运用因声求义这一锐利武器，发前人所未发，解决了很多疑难问题，纠正了前人很多荒谬的成说，使他们的研究成果远超前人。这方面较重要的著作有：

惠　栋　《周易述》
焦　循　《易章句》、《易通释》、《易图略》
阎若璩　《古文尚书疏证》
孙星衍　《尚书今古文疏证》
陈　奂　《诗毛氏传疏》
马瑞辰　《毛诗传笺通释》
孙诒让　《周礼正义》
胡培翚　《仪礼正义》
孙希旦　《礼记集解》
洪亮吉　《春秋左传诂》
孔广森　《公羊通义》
陈　立　《公羊传义疏》
刘宝楠　《论语正义》

焦　循　《孟子正义》

皮锡瑞　《孝经郑注考》

此外，还有阮元主编的《皇清经解》，收书 180 余种；王先谦编的《皇清经解续编》，收书 200 多种。其中汇集了大量清人训释儒家经书的成果。

史、子、集等方面典籍的注释本有：

梁玉绳　《史记志疑》

郭嵩焘　《史记札记》

沈钦韩　《汉书疏证》

王先谦　《汉书补注》

惠　栋　《后汉书补注》

王先谦　《后汉书集解》

赵一清　《三国志补注》

郝懿行　《山海经笺疏》

孙诒让　《墨子间诂》

王先谦　《荀子集解》

　　　　《庄子集解》

郭庆藩　《庄子集释》

王先慎　《韩非子集解》

孙星衍　《晏子春秋音义》

胡克家　《文选考义》

戴　震　《屈原赋注》

王　琦　《李太白诗集注》

仇兆鳌　《杜诗详注》

马通伯　　《韩昌黎集校注》

沈钦韩　　《王荆公文集注》

这些注本，材料丰富，考据精密，成就很高。

(2) 训诂专书的深入研究。清儒在整理和注释古代文献的同时，对前代的训诂专著也进行深入的研究。尤其是对汉代的四大训诂专著，即《说文》、《尔雅》、《方言》和《释名》，以及曹魏《广雅》，更是注释繁多，研究得较为透彻。由于对训诂专著的诠释注重单个字词的具体意义，更利于清儒发挥训诂学的理论和方法，因此这类著作往往最能反映出作者的语言观，最能代表作者的训诂成就，也是后世训诂工作者必读的根底书。这一方面较著名的有：

戴　震　　《方言疏证》

钱　绎　　《方言笺疏》

邵晋涵　　《尔雅正义》

郝懿行　　《尔雅义疏》

段玉裁　　《说文解字注》

桂　馥　　《说文解字义证》

王　筠　　《说文释例》

朱骏声　　《说文通训定声》

毕　沅　　《释名疏证》

王先谦　　《释名疏证补》

王念孙　　《广雅疏证》

钱大昭　　《广雅义疏》

其中以《说文解字注》和《广雅疏证》最负盛名，为清代训诂学的巅峰之作。

(3) 以训诂为主要内容的笔记、札记大量出现。清人有一类札记体的著作，把日常治学的心得记录下来，汇集成册。这种心得札记主要是纠正原文和前人误说，其中大部分涉及训诂问题，如句读、校勘、释义等。由于每条都是针对某一具体问题而发，更适合做深入的阐发，因此作者往往能把自己的观点发挥得淋漓尽致。读者对于作者的观点及其治学方法，也能领会得更为深刻。这类著作的代表作有：

顾炎武	《日知录》
钱大昕	《十驾斋养新录》
	《廿二史考异》
臧　琳	《经义杂记》
王念孙	《读书杂志》
王引之	《经义述闻》
俞　樾	《群经平议》
	《诸子平议》
	《古书疑义举例》

从某种意义上说，这类著作的出现是训诂学摆脱经学附庸地位的先兆。

此外，清儒还就某些具体的字词写了一些极有价值的单篇论文，就训诂的某些理论问题进行了归纳，如王念孙《释大》，阮元的《释门》、《释且》，汪中的

《释三九》等。

(4) 工具书的编纂。清人比较注重工具书的编纂工作。由于前代已经积累了丰富的材料和经验，已经有条件编纂较大型的工具书了。再加上统治者的喜好和提倡，因此清朝出了好几部规模较大的工具书。如张玉书等人编纂的《康熙字典》以及《佩文韵府》，张廷玉等人编纂的《骈字类编》，阮元等人编纂的《经籍纂诂》等，都有较高的价值。此外，清人还撰写了一系列的雅书，如《别雅》、《叠雅》、《比雅》、《说雅》、《选雅》、《拾雅》、《毛诗传义类》等等。另外，汇释虚词的工具书有了很大的发展。第一部汇释虚词的专著是元朝卢以纬的《助语词》，但较为简略，成就不是太高。清代则不然，刘淇的《助字辨略》、王引之的《经传释词》等，成就都很高。

清代训诂学能取得如此巨大的成就，绝不是偶然的。清人治学，有其突出的特点，比起前代，是大有进步，比如学风端正，较少门户之见；训诂与校勘相辅相成；好学深思，注意实证等，都做得极为出色。但是更为突出的，则有如下两点：

(1) 清人的训诂学都建立在对汉字形、音、义三者关系有深刻认识的基础上。清人对汉字形、音、义的关系有透彻的认识，并把它当作指导训诂研究的准则，因此能够通过字形、字音来探求词义，并能够"三者互相求"。段玉裁曾明确地指出："学者之考字，因形以得其音，因音以得其义"。清代学者对"训诂之旨存乎声音"的认识是很清楚的，他们懂得声、义各成系统，这两个系统存在着很多联系，因而把音韵学尤其是古音学当作训诂学的工具，极大地推动了训诂学的发展。

（2）具有系统的观点。清人在训诂时不是着眼于零散的个别字词的推究，而是注意从理论的高度，用声音系统来贯通词义系统，探讨声义关系的规律性。他们在研究问题时一般都能详尽地占有材料，搜取佐证，再经过排比、归纳、分析，得出结论，最后发凡起例，推证其余。因而他们的研究，多能超越某处具体语言的实用而升华为理论的概括，取得超越汉、唐的成就。

3 清代考据的两个主要流派——吴派和皖派

清代训诂学大致可以分为 3 个阶段：清初阶段、乾嘉阶段以及道光以后阶段。前者是开始时期，中者是全盛期，后者是相对衰落阶段。开始时期的主要代表人物有顾炎武和阎若璩，以及黄生。顾炎武（1613～1682 年），初名绛，字忠清；后改名炎武，字宁人，号亭林。江苏崑山人。他学问博洽，对国家典制、郡邑掌故、天文仪象、地理河漕、兵农经济、经史百家、金石文字、音韵训诂之学，都潜心研究。顾炎武生活的年代，正是明王朝内忧外患，最后被清王朝取而代之的时代，苦难深重的岁月，激励他终生坚守节操，在成为著名学者的同时，也成为一个为天下而奔走的志士。他一生的宗旨，是“博学于文”和“行己有耻”八个字。“博学”是为了砥砺品格，经世致用；而以天下为己任，躬行节义，则使他学有操持，充实而切用。因此，他坚决反对宋学的空虚，标榜汉学，以求学风的转变。他撰写有学习经史的笔记《日知录》以及与语言学有关的《音学五书》、《韵补正》、《金石文字记》、《九经误字》、《左传杜解补正》，并辑有《明季实录》、《三朝纪事阙文》、《圣安纪事》、《皇明修文备史》等书，为纂修《明史》做了充分准备。顾炎武学识渊博，著述繁富，他一生的学术文章，都以经世致用为宗旨。他贵创新，重实证，这都是他治学精神中最可宝贵的地方。同时，在治学方法上，他也为清代学术开启了一代新风。首先，他能把考据学和经学、史学结合起来，审音声，正文字，求训诂。其次，他善用分析归纳的方法，探源求本。如在古音研究中，他能离析《唐韵》，支别派析，归纳出古韵十部；又能全面考订《诗经》古音，开清人研究《诗经》的先河。他的《音学五书》是古音学的奠基之作。他的学术给清儒的影响是巨大的，可以说，清代训诂学的复兴，在很大程度上得力于顾氏首倡之古音学及考据方法。

阎若璩（1636～1704 年），字百诗，又字玚次，号潜丘。山西太原人。补学官，以诸生终。他治学长于考证，代表作是《尚书古文疏证》。此书是他用了 30 多年的精力写成的，考证出东晋出现的《古文尚书》和同时出现的孔安国《尚书传》都是伪书。本来，宋代吴棫、朱熹已怀疑《古文尚书》是伪书，明代梅鷟更能证明这一点。但是阎氏能引今据古，从篇名、篇数、文字、句数、地理沿革、典章制度等方面进行考证，一一指出其矛盾之处，条分缕析，如篇数篇名不合，名目各异，文字不古不今，非伏非孔等等，共列了128条，真相大白，铁证如山。历代奉为经典的书完全证明是赝品，自然在学术界引起震动，更开启了清人考据辨伪的风气。

在清初还有一个人物不应该被遗忘，这就是黄生。

黄生（1622～?），字扶孟，别号白生。徽州歙县（今安徽歙县）人，是明末诸生。入清后隐居山林，专意著作。他致力汉学，于六书训诂尤为专长，对古音古训，都考究淹通，引据精确，不为无稽臆度之谈。他的著述，留传下来的仅有《字诂》和《义府》。

《字诂》、《义府》共3卷。这二书侧重点有所不同，前者着重辨识文字的形、音、义，论述每有新意；《义府》侧重于名物典制的考证，分上下两卷，上卷论经，下卷论史、子、集。此二书都是以札记的方式一条条地罗列，逐条考证，其考证方法也基本相同，可以合起来论述。

《字诂》、《义府》二书的成就在当时说来是很高的，《四库全书总目提要》评价此二书"虽篇帙无多，其可取者，要不在方以智《通雅》下也。"事实上，黄书正和"右文说"、戴侗、方以智是一脉相承的。它最大的特点，就是在考证时运用因声求义的方法，清人黄承吉在《字诂》按语中说道："全书之精，尤在以古音通古义。”黄生对于音义关系有无专门的论述，今已不得而知，但从《字诂》、《义府》中的训诂实践看，他对音义关系的认识之深刻，则较之前人有过之而无不及。戴侗、方以智等人所运用的以语转通训诂为黄生所继承并有所发展，在黄书中，“通”、“通用”、“转音”、“音之转”、“一音之转”、“语之转”、“语音之转”等术语用得很多，声音成了他从事训诂的最主要的手段。尤其值得一提的是，黄生已经注意到时有古今，音有转移这一因素在因声求义中的影响，认为若要求义，须循古音。他自己对古音如古声类、古韵通转甚至是古声调都有一定的认识并加以运用。他还常指斥别人“不识古音”。这说明黄氏已摆脱了宋明一般学者以今度古的俗说，对于研究音义关系中的历史原则已有了清楚的认识了。同时，黄生还继承了“右文说”，并使“右文说”得到了显著的发展，成为因声求义有效而重要的手段。即在他的音义理论中吸收了“右文说”的合理成分，以声为义，探讨同源词命名的理据。如《字诂》“纷雰衯帉棼”条说：“物分则乱，故诸字从分者皆有乱义……”又在“疋䟽延疏梳”条中论述道：“疋，鸟足之疏也。䟽、延并窗户之交疏也。梳、疏并理发器也。鸟足开而不敛，故作疋字象之。疋有稀义，故窗户之稀者曰䟽，栉器之稀者曰疏，并从疋，会意兼形声。疏所以通发也，故假为疏通之疏；因借义专，故去疋从木作梳以别之。”前一例中黄生运用了“凡从某者皆有某义”的说法，这种概括，实可代表“右文说”发展的最高水平，清人段玉裁、王念孙等人也多运用此法；后一例则打破形体，从意义相因的关系上探求字族源流。总之，黄生的因声求义已是建立在对声义关系深刻认识的基础上，通过声音贯通词义；已经运用了一些有指导性的系统的方法，不再停留在个别字词的探究上，从多方面看，都已具备了清代因声求义的特色，可以说已粗具清人因声求义的规模。

《字诂》、《义府》训诂的另一特色是尊崇《说文》，并以《说文》为主要依据，紧抓字词本义，以词的本义为突破口推求引申义，进而探求和整理词义系统。

《说文解字》在文字训诂上的理论价值和实用价值都是极高的。可惜的是，有很长的时间，《说文》没有受到应有的重视，尤其是两宋后的不少学者摒弃《说文》，专门创发新义，好奇而失实。明朝学风空疏，很多学者连《说文》的本子都没有见过。黄生则对《说文》十分重视，常常依据《说文》来驳斥宋人谬说，解决具体的训诂问题。不但如此，他还常依据《说文》来抓住词的本义，然后由源溯流，整理出词义系统。这是很难得的。隋唐之前的训诂学，几乎都是就一词论一义，零散无系统。隋唐后如孔颖达、徐锴等人，开始了探求词义引申的尝试。其后戴侗、方以智等也都涉及了这个问题，但是真正有意识地整理词义系统的，当推黄生。如《义府》“素位”条说：“素乃丝之未染者，他语借用素字，犹俗云本色、本分之谓。如素心、素志、素位、素履，皆此义也。又素有白义，白者空有质而无色，故事之有其名而无其实，与有其实而无其名者皆曰素，如素餐、素王、素封，则此义也。又如素交、素识、素常之素，则有始义。盖素者色之始也，此本其初而言，犹云非一日之故也。”黄生抓住“素”的本义的几个基本特征，推导其引申的轨迹，引出了三个基本的引申义，用图表示如下：

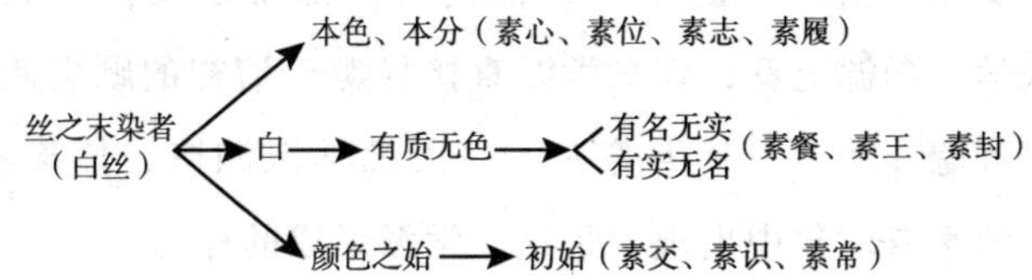

这样的分析，在当时是极为可贵的，其后段玉裁在《说文解字注》中就常用此法。

此外，《字诂》、《义府》的训诂实践中还有一些特点，如注重运用比较的方法，常以一词的古义与今义比较或以同一概念的古词与今词比较，又用古音与今音比较，或古形与今形比较等等，这些做法，应该说都是极有价值的。总之，黄生在训诂学史上是较重要的人物，清代训诂学的很多方法到了他都已略具规模了。因此有论者认为黄生是紧跟顾炎武之后的又一个开清朝朴学风气的人物，这不是没有根据的。

在乾嘉阶段，训诂考据家极多，成就极高。如《皇清经解》收有 157 家，收书共 2727 卷，其中大多数都是乾隆、嘉庆时人，因此后世也称这个时期的训诂学为乾嘉学派。乾嘉学派以扎实、严谨的考据为基本治学方法和主要学术特色。他们研究的领域十分广泛，以经学为中心，兼及史学、文学、诸子、金石、校勘、辑逸、辨伪、天文、地理、历算等方面。可以说，乾嘉学派对中国有史以来的学术、文化进行了一次大规模的整理和总结，是中国传统语言学也是训诂学发展史上的一个前所未有的高峰。从学统上看，乾嘉学派是汉代古文经学的继承者，汉儒训诂考证的方法及其朴实无华的学风在他们身上都得以发扬光大。从学派渊源上看，乾嘉学派直接导源于清初的顾炎武、阎若璩、胡渭、黄生等人。一大批学识渊博、长于考证的学者的集中出现，是这一学派形成的标志。

乾嘉学派在汉学的基本立场一致的情况下，又主要可分为两派：一是吴派，以惠栋为代表，主要人物有沈彤、江声、余萧客、钱大昕、刘台拱、王鸣盛、江藩、孙星衍、洪亮吉、臧琳等。其中影响最大的是王鸣盛和钱大昕。由于惠栋是江苏吴县人，沈、江、余等也多是苏南人，故称为吴派。吴派的特点是以汉学为旗帜，博学信古，不讲义理。他们广泛搜集汉儒旧注，不论是非，一概采纳，并加以疏证。他们发掘汉儒旧旨，在反对宋学家杜撰臆说、恢复汉学本来面貌方面有积极贡献。但吴派也有弊端，即墨守陈说，盲目崇古，在打倒了对宋学的迷信的同时，又树起了对汉儒的迷信，有人评价他们是“述而不作”，多总结而少创新，这是有道理的。另一派是皖派，以戴震为代表，主要人物有段玉裁、王念孙、王引之、金榜、程瑶田、卢文弨、胡培翚、凌廷堪、孔广森、任大椿、陈奂、焦循、阮元、俞樾、孙诒让等人。由于戴震是安徽人，故称皖派。皖派的特点，一是注重治学的精审，从文字、训诂、音韵入手，对古代材料加以分析裁决，力求其真；另一特点是坚持实事求是、无征不信的学风，既不妄逞臆说，也不墨守旧闻，与盲目信古尊汉的吴派有很大区别。皖派杂糅汉、宋学说，工作重点在于考据，从中发现语言规律。在他们手中，传统小学虽然还没有完全摆脱经学附庸的地位，但已在很大程度上得到了独立的发展。他们对小学的贡献更大一些。

吴派的主要代表及其主要成就：

惠栋（1697～1758年），字定宇，号松崖。江苏吴县人。他的祖父、父亲都研治经学，家学渊源深厚。他幼承家学，深通经史，尤其对《易》很有研究。但他治学尽信汉人说解，曾说训诂古音古学，非经师不能辨，于是著《九经古义》22卷。此外，还著有《春秋左氏补注》、《古文尚书考》、《后汉书补注》、《周易述》、《易汉学》、《周易本义辨证》、《易例》等等，著述极为宏富。其中最有名的是《周易述》。此书重在发挥汉儒之学，以荀爽、虞翻为主，参采郑玄、宋咸、干宝等诸家之说，几乎把汉人讲《易》的著作都收集到一起，推阐考证，融会贯通，但他的说明和发挥都超不出汉儒的范围。

王鸣盛（1722～1797年）字凤喈，号礼堂，又号西庄，晚年自称西沚居士。江苏嘉定（今上海市嘉定县）人。他乾隆十九年（1754年）中进士，先后任翰林院编修、侍讲学士、内阁学士兼礼部侍郎，后降职光禄寺卿，晚年解官归田，闭门著述。王鸣盛深研经、史、子、集，著述主要有《尚书后案》、《周礼军赋说》、《十七史商榷》和《蛾术编》。王氏的学问，年轻时受惠栋影响很深，治学墨守汉学，认为汉以后的经注没有师法家法，未为淳备。他作的《尚书后案》进一步推阐惠栋《古文尚书考》的学说，以郑玄为主，偶尔采用马融、王肃和伪孔传，对唐宋诸儒之说则一概不取，真正是为了“发挥郑氏康成一家之学也”。王氏最突出的成就在史学，其代表作是《十七史商榷》。十七史指先秦至隋包括从《史记》到《隋书》的十五部正史，再加上《新唐书》和《新五代史》。王氏对这十七部史书，无论是文字上的错误，还是事实上的讹谬、记载上的遗漏、文句上的含糊、版本上的真伪等，都作了详细的考辨和论证，其重点在文字的校勘和典章制度的考释，对于治史是很有帮助的。

钱大昕（1728～1804 年），字晓征，一字辛楣，号竹汀居士，晚年自称潜研老人。江苏嘉定（今上海市）人。他 15 岁中秀才，27 岁中进士，历任翰林院庶吉士、编修、翰林院侍讲学士、詹事府少詹事、广东学政等职。晚年辞官，定居苏州，从事著述和讲学活动。他主持过钟山、娄东、紫阳三个书院，学生累计有 2000 多人。钱氏的学问极为渊博，凡文字、音韵、训诂、天文、地理、历算、金石，都造诣很深。对古代名人爵里、事实、年齿，全都一清二楚。他一反当时只重经学的风气，重视史学，认为史学和经学同样重要。他治史从校勘入手，进行考证，成就很大。其代表作是《廿二史考异》100卷，对自《史记》、《汉书》至《金史》、《元史》的22家史书反复校勘考证，虽然重点在文字校勘、典制考释和名物训诂上，但其内容涉及政治、经济、军事、法律、文化等各个方面，价值极大。他的另一部重要著作是《十驾斋养新录》，共23卷，是他读书心得的汇编，其中有很多小学方面的精辟见解。在经学方面，主要是继承惠栋、沈彤等人以子、史、小学证经的研究方法，推而广之，对疑难问题能错综贯穿，剖析源流，成就很高。

但是地位更高、影响也更大的是皖派。皖派的开派人物是戴震。戴震（1724～1777年），字东原，安徽休宁人。他出身寒微，幼年时家境贫苦。10岁开始读书，非常勤奋。16、17岁时，对《说文》、《尔雅》、《方言》等专著以及汉儒传注，都能融会贯通，对前人合集的《十三经注疏》也熟烂于胸。他独立地摸索出一条治学之路。他认为，要真正读懂古书，非从字义、制度、名物入手不可，否则无法弄通古书的语言。他认为，宋儒想治经而轻视训诂之学，乃是渡江河不要舟楫，登高处不要阶梯。他治学，从小学入手，在研究字义时，能够贯通群经，根据六书的要求，加以透辟的分析。18岁那年，戴震开始了教书生涯，但他没有间断治学。20岁时师从著名的经学大师江永，学问大进，在清贫的生活中勤奋著述。33岁那年，他为避难到了北京，一时名噪京师，当时的硕儒如纪昀、钱大昕、王昶、王鸣盛、朱筠等人都前来拜访他。35岁时，他在扬州与吴派大师惠栋结识，交相推重。40岁时，他才中乡试成举人，以后多次考进士没有成功，但因他著述宏富，学识卓越，在学术界的地位很高。戴震51岁时，乾隆朝开四库全书馆，他以举人的身份被破格特召为纂修官，全力投入了《四库全书》的编纂工作，对古籍的考订、整理，付出了艰巨的劳动，作出了杰出的贡献。戴震的著述很多，主要的有《孟子字义疏证》、《方言疏证》、《毛郑诗考证》、《声类表》、《声韵考》、《诗经补注》、《原善》、《原象》、《策算》、《考工记图》、《续天文略》、《水地记》等等。

戴震继承了顾炎武的音韵、训诂之学和方法，发展了江永的学说，在音韵学尤其是古音学领域创建颇多，成就极大。不但如此，戴震还把他的古音学当成训诂的利器，把训诂学的研究推到了一个新的发展阶段。他认为，“故训声音相为表里，故训明，六经乃可明”（《六书音均表序》）。认为要真正弄通古书，非从声音入手、因声以求义不可，所以戴震训诂的一个很重要的方法就是声义互求，“疑于义者以声求之，疑于声者以义正之”（《转语二十章序》）。他立正转、旁转条例，表明语音历史交替的途径，以利于音义的贯穿证发。他把古音学应用到了词源的探讨上，他的“语转”说已与扬雄《方言》中的“语转”或“转语”有很大不同，已显露出通过古音追溯词与词之间的渊源关系的旨趣，是以古音方音对应演变作为理论指导的。他能从字词的发音部位和发音方法上探讨上古声母的系统，还能拟定依据声母系统推求语词通转的法则，可见他已意识到语言的系统性问题，能够超越单一零散的研究，贯彻体系的原则了。戴震的语源研究标志着这一领域的探讨比以前又深入了一步，他师弟程瑶田和弟子王念孙在这方面都受到了戴震的直接影响。

戴震对文字的研究十分重视，把六书文字看作是治经的入门功夫，认为如果六书文字不明，那么经学便不能明。他把文字、音韵、训诂三者结合起来研究，既使经学走上了一条崭新的道路，也为近代语言文字学开了先河。他的六书研究有独到的见解，认为象形、指事、会意和形声四者为体，假借和转注为用。他认为转注即是互训，假借即是一字数用。这种观点，为他的弟子段玉裁所继承，直到今天仍不失为一家之说。

戴震治学，正如钱大昕的评价一样，是“实事求是，不主一家”。他以客观公正的态度进行考证，力求避免偏颇，疑古而不妄，信古而有征。他不像吴派一样在推倒宋学时，又树起了对汉学的迷信。他在跟宋学彻底划清界限的同时，能吸收宋学的长处，即钻研义理。他认为学术的门类有 3 种：义理之学，文章之学，考据之学。他既继承汉人的考据，又吸收宋人的义理，以考据为津梁，以义理为归宿，把这二者结合了起来；既避免了汉学学而不思之失，又避免了宋学思而不学之弊，把学与思结合起来了。因而他的研究形成了一种既实事求是，又有创新精神的特色。

小学发展到戴震，可以说是进入了高峰。他是一个集大成的人物，对后人的影响是极为深远的。他的弟子故旧，大都受他直接或间接影响而成为成就卓著的小学大家。这批人几乎统治了清代的小学。

戴震以后，影响最大的当推他的两个弟子段玉裁和王念孙。这二人的学问，世称“段王之学”，我们将立专节介绍。除段、王外，影响较大的还有不少，简介如下：

陈奂（1786~1863 年）字倬云，号硕甫，又号师竹，晚号南园老人。长州（今属江苏吴县）人。他当初师从江沅学习古文经学，后来师从段玉裁，专攻《毛诗》和《说文》。入京都后，又游学于王念孙、王引之父子以及郝懿行、胡承珙、胡培翚、金鹗等人，成为皖派的著名学者。他平生著有关于《毛诗》的数种著作：《毛诗说》、《释毛氏音》、《郑氏笺考证》、《诗毛氏传疏》等，其中尤以《诗毛氏传疏》最为著名。此书独宗诗序和毛传，摒弃郑笺，避免了因毛郑有不同说法而产生的疏证的矛盾。它从文字、声韵、训诂、名物等方面阐发毛义，释义精赅，前后贯通，是清代古文学派研究《毛诗》的集大成著作。

焦循（1763~1820 年）字理堂，又字里堂，晚年自号里堂老人。江苏甘泉（今江苏扬州）人。他一生没有做官，嘉庆六年（1801 年）中举后，只在次年参加过一次礼部主持的考试，落第后不再应试，以教馆授徒为业。他的书室名雕菰（音 gū）楼，他在此室读书著述十余年，写成了几百卷的著作。他博闻强记，识力精卓，不仅对古文音训，对《毛诗》、《三礼》、《论语》、《孟子》等书都有研究，而且还精通天文、算学，尤其擅长《易》学。焦循的《易》学渊源有自，祖上几代都研治《易》。他的《易》学著作著名的有6种：《易章句》、《易图略》、《易通释》、《易话》、《易广记》、《周易补疏》。其中《易章句》、《易图略》、《易通释》3种又称为《雕菰楼易学三书》，是他《易》学中成就最高的。焦氏的《易学》，一方面得力于他精湛的小学知识，另一方面得益于他精审的历算之学。他不受前人任何传注的干扰，专就《易》古经、彖传、象传、系辞进行错综探讨，创造了一套研究《易》学的独特方法和原则，从而把《易》学推向了一个崭新的境界。如发现《易》中有“相错”、“旁通”和“时行”等规律，得到当时学者很高的评价。

焦循在学术思想上继承了戴震的朴素唯物主义思想，能运用发展的观点去观察学术上的问题。他反对把古人的话看成是天经地义不可更改的教条，反对做古人的奴隶，主张对古人不盲从，不回护。他不同意诸如“汉学”、“宋学”、“考据”这样的提法，对那些坚持认为汉比唐好，唐比宋强，许慎、郑玄一定比贾公彦、孔颖达高明，贾公彦、孔颖达又一定比二程、朱熹高明的人，他认为如果不是愚蠢，就是想骗人。焦循在治学生涯中，既能善于思考，刻苦钻研，又能谦虚谨慎，择善而从，提倡创新，反对保守，因而能在许多学术领域取得重大成就。

阮元（1764～1849年）字伯云，号芸台，又号雷塘庵主。江苏仪征人。他幼年就聪慧好学，乾隆五十四年（1789年）进士，入翰林院。历官漕运、湖广、两广、云贵总督，体仁阁大学士，加太傅。他生平以兴办教育、提倡学术为己任，先后在杭州创立诂经精舍，在广州创立学海堂，提倡朴学，培养了很多人才。他还罗致学者从事编书刊印工作，主编了《经籍纂诂》、校刻《十三经注疏》、汇刻《皇清经解》、著《十三经注疏校勘记》等。还著有《积古斋钟鼎彝器款识》、《学海堂经解》、《诗书古训》以及《研经室集》等。

阮元的学术成就，主要体现在音韵训诂方面。他自己就说“余之学多在训诂”。他治学走的基本上是戴震的路子，即通过音韵训诂通经。他曾向王念孙学习过小学，获益很多，能把因声求义的方法继承和发扬。阮元对语言文字的起源有理性的认识，他认为语言最初都是简单的声音，音同则义近，文字只是记录这些声音的符号，虽然形体各异，但在实际运用中常常相通。阮元在同源词方面的研究取得了较大的成就，在《研经室集》的大量训诂实践中，他都能通过声音线索发明古义，考释出词与词在音义上的同源关系，而且引用古代文献中的具体材料加以说明，证据确凿（如《释门》）。同时，他还能结合文字，以文字古义为手段考定一些古代的文化现象，如名物制度等（《释宫小记》、《释草小记》、《释虫小记》、《九穀考》），这是他能把小学有效地应用于古代文化的考订的精彩之处。阮元在字义的研究、本字的寻求、假借字何以能相通以及字义随时代的变化而变化等规律都有很多创见。总的说来，阮元在学术研究中长于归纳分类，然后旁征博引地进行考证，从而得出较为正确的结论。由于他个人的努力，加上善采众家之长，向当时著名的学者如焦循、邵晋涵、任大椿等人请教，因而在经史、文字、天文历算、舆地、金石和校勘各方面都有很深的造诣，成为又一个以博洽著称的大家。

到清代中后期，小学相对地不那么昌盛，训诂大家也比以前少了许多，值得一提的有俞樾和孙诒让。

俞樾（1821～1907 年）字荫甫，号曲园，世称曲园先生，浙江湖州府德清县人。道光进士，官翰林院编修，改任河南学政。后来他专心著书讲学，先后主讲苏州紫阳书院、上海求志书院，尤以主讲杭州诂经精舍时间最长，前后共 30 多年，培养了一大批人才，如吴大澂、张佩纶、陆润庠、章炳麟等。他学识渊博，著述宏富，仿拟王念孙父子的《经义述闻》撰《群经平议》，仿拟《读书杂志》而撰《诸子平议》，另有《古书疑义举例》等书。著作总集称《春在堂丛书》，共 250 卷。他在《群经平议》一书中，校正了《易》、《书》、《诗》、《周礼》、《仪礼》、《礼记》、《大戴礼》、《公羊传》、《左传》、《国语》、《孟子》和《尔雅》等书的句读，审定一些字义，并分析其中特殊的语法和修辞现象。书中广博地引用其他典籍中的训诂，订正前人注经失误之处，以因声求义的方法疏通文异义通的词语，校勘和注释都很有成就，虽为模仿，却非蹈袭，于王氏疏阙之处往往提出自己的见解。《诸子平议》是对周代至汉代的子书如《管子》、《晏子春秋》、《老子》、《墨子》、《庄子》、《荀子》、《列子》、《商子》、《韩非子》、《吕氏春秋》、《春秋繁露》、《贾子》、《淮南内经》、《扬子太玄经》和《扬子法言》等书进行了精审的校勘和注释。《古书疑义举例》是以经史为对象，论述古文行文之法以及对古书的校勘方法。不用说，先秦时期的古籍是有其独特的遣词造句的方式的，但是这些独特的方式长期以来未能被注意到并进行系统的研究。俞樾在此书中总结出了许多古人说话和写文章时遣词造句的规律，发现了许多后人因误读古书而妄加改写，或在传抄过程中发生错乱、衍误以致失真的例子共88条。由于此书不是一般地对某一本书的某一句话正其句读、审其字义，而是总结出了校勘古籍和音训方面的若干规律，具有很大的普遍性，因而有很高的学术价值。章炳麟在把俞樾这几部书和王氏父子比较时，认为《群经平议》要比《经义述闻》逊色，《诸子平议》则与《读书杂志》不相上下，至于《古书疑义举例》就要比《经传释词》阔大宽宏了。

俞樾早年受学于陈奂，后来又与宋翔凤交游。他治学基本上是循着王氏父子这一学派的路子前进的。他的治学方法是以汉代许慎、郑玄为宗师，注重训诂之学。他认为治经之道，大要在正句读、审字义、通古文假借。三者之中，以通假借最为重要，他的成果也正是主要在这些方面。

孙诒让（1848～1908年）字仲容，号籀庼，浙江瑞安人。同治六年（1867年）中举。曾授刑部主事，不久因病回乡，专事著述近40年。晚年曾主掌温州师范学堂，继为浙江教育会长。他非常博学，主要成就则在经子训诂与古文字研究方面。前者的著作主要有《周礼正义》、《墨子间诂》、《尚书骈枝》和《札迻》等，后者的主要著作有《古籀拾遗》、《古籀余论》、《契文举例》和《名原》等。

《周礼正义》是孙氏经学方面的代表作。《周礼》是今、古文两派争讼的焦点之一，两派对此书的看法根本上不同。孙诒让是从古文经学的立场来注疏此书的，他的目的却在于引古喻今，鼓吹向西方学习，认为西方文明在中国"古已有之"。在这一点上，他与乾嘉学派大异其趣，却与顾炎武等人的经世致用相合了。不过孙氏治经的方法，却大体遵循着乾嘉学派的传统，"以《尔雅》、《说文》正其诂训，以礼经、大小戴礼记证其制度"，"博采汉唐以来迄于乾嘉诸经儒旧诂，参互证绎，以发郑注之渊奥，补贾疏之遗阙"。他对古注旧说采取了正确的做法，可谓处置得当。他以郑玄注为主，又兼采众家，自汉至清，只要有可取之处，便一一采入。采录哪一家说法，一定明举其事，对不正确的意见，包括郑注中的疏失之处，也明确提出，不加回护。对乾嘉学者的研究成果，孙氏更是能充分利用。他的治经讲求因声求义，辨明本字和借字，阐发声近义通之说。全书融考证、训诂、校勘于一体，资料丰富，论断允洽，是《周礼》研究的集大成之作，在今天仍有重要价值。

《墨子间诂》是孙诒让的另一部重要著作。自从汉晋以后，墨学地位日益低下，《墨子》一书，长期无人整理研究，传诵既少，注释亦稀，阙文错简无可校正，衍夺讹误沿袭不改，古言古字更不可晓，墨学都快要成绝学了。到了清代，毕沅才开始校注此书。孙氏纂集毕沅、苏时学、王念孙、王引之、俞樾、戴望、洪颐煊等人的校注，并加上自己的见解，撰成了这部书。他援引声类来订正读音，审明文例来恢复错乱了的文句，用文字从古体到楷体的变化来刊正讹伪的字，用古籍来疏证此书语言，不但恢复了此书的真面目，而且多方疏证，解决了不少疑难问题，为研究墨学成就最高的著作。

孙氏在古文字研究方面也有极高的成就。他能审慎地分析字形，善于利用古籍中的有关资料，成就超过了前人。近人多认为孙氏的著作代表了清代古文字学的最高水平。总而言之，孙氏的小学成就在晚清是极为突出的，其学兼包了钱大昕、段玉裁、金榜、王念孙诸家，可以说是清代朴学的殿军。

乾嘉学派除皖派和吴派外，还有以治史为主兼及经学的浙东学派，主要人物有万斯同、全祖望、章学诚等；有继承汉代今文经学的理论体系，主要以治《春秋公羊传》名世的常州学派，主要人物有庄存与、刘逢禄、宋翔凤、龚自珍、魏源、康有为等人。

4 段玉裁和清代的《说文》学

清代是《说文》学发展的黄金时代。惠栋、戴震、钱大昕等皆以《说文》倡导后学，大徐本《说文解字》风行一时，士人学子几乎人人研习，学者辈出，著述浩瀚，对《说文解字》进行了大量的校勘、考订、注疏、补证和专题研究工作。据丁福保《说文解字诂林·引用诸书姓氏录》统计，从清初至清末罗振玉、王国维为止，共有203人。其中最著名的有段玉裁、桂馥、朱骏声和王筠，他们被称作“《说文》四大家”。这四家各有所长，交相辉映，其中造诣最深，成就最大，影响最广的，当推段玉裁。

先简单介绍一下桂馥、朱骏声和王筠。桂馥（1736～1805年），字冬卉，号未谷，山东曲阜人。乾隆十五年进士，官云南永平县知县。他精于考证碑版，以隶书篆刻著名，尤其长于小学。著有《说文解字义证》、《说文系统图》、《札朴》、《缪篆分韵》、《晚学集》等。他的《说文解字义证》是一部关于《说文》的资料书，旨意在于证明许说，或引他书说解证实许书说解，或引他书所引许书以互相参证，或引他书补充许书。取材广泛，材料丰富，经史子集，无所不包；或数义，或数十义，依次序列，兼收详载，不加案断，供学者参订。然后别起，解说许书原文，厘订二徐讹误。该书的特点是取证宏博，说义精赅而贯通，读者用起来也极为方便，因而有人把桂馥和段玉裁相提并论，称为“段桂”。

王筠（1784～1854年）字贯山，号菉友，山东安邱人。道光举人，曾任山西乡宁知县。他年少时就喜欢学古文字，长大以后，广泛地涉猎经史，尤其专长《说文》学，研治《说文》之学近30年。主要著作有《说文释例》、《说文句读》、《文字蒙求》和《说文系传校录》等。在王筠之前的学者中，以《说文》名家者为数不少，但是他最推崇段、桂二家。他认为段玉裁的注释中已经阐明了许书的部分条例，但是因为体裁的限制，未能详备，因此他著了《说文释例》一书，专门发明许书义例。他既善于继承前人的研究成果，又有许多创见，自成一家之言，把许书的条例逐条归纳出来，纂成此书。《清史稿·儒林传》中评价他的著作“独辟门径，折衷一是，不依傍于人。论者以为许氏之功臣，桂、段之劲敌。”他的《说文句读》则是从段、桂所注以及其他学者的论述中取其精当处录出，偶尔也有自己的见解，删繁举要，深入浅出，而且加上句读，很适合初学者诵习。王筠是较注意进行文字普及工作的人。

朱骏声（1788～1858年）字丰芑，号允倩，江苏吴县人。嘉庆举人，任安徽黟县训导，晚年因进呈《说文通训定声》受赏国子监博士衔，升扬州府学教授。他非常博学，娴习经史，擅长诗赋词章。他的著作很多，但刻版的只有《说文通训定声》和《传经堂文集》。《说文通训定声》是一部按古韵把《说文》重新编排的书，它完全打破了《说文》以部首统率全书字头的做法，先从《说文》所收的字中分析出1137个声符字（朱氏叫字母），再把声符字归纳为古音18部，各部都以《易》卦取名，如丰、升、临、谦……然后以18部统率声符字，以声符字统率凡用该谐声声符组成的各字，使全书成为以上古韵部系联的方式。每字之下，先释《说文》本训，引群书古注为证，即书名中所谓的“说文”；其次陈述字的引申义和因文字假借而产生的假借义，即所谓“通训”；最后举出上古韵文中的用韵来证明古音，凡同韵相押的叫“古韵”，邻韵相押叫做“转音”，阐明字音，即所谓“定声”。其中主要的部分是“通训”。“通训”部分，又分转注和假借两项。凡一字数训，在意义上有 联系的称为“转注”，意义上没有联系的则称“假借”，这与许慎的定义全然不同，已独成一家之言。在词义问题上，朱氏继承段氏的词义引申之说，并进一步全面研究，广征博引，于本义、别义、转注、假借、声训，区分甚明。他以声为本，探求字义，也常有创见。此书不失为训诂学史上的一部重要著作。

现在我们详细地介绍一下段玉裁及其名著《说文解字注》。段玉裁（1735～1815 年），字若膺，号茂堂，晚年又号砚北居士，长塘湖居士，侨吴老人。江苏金坛人。乾隆二十五年（1760 年）举人，入都会试，屡试不中。乾隆三十五年（1770 年）任贵州玉屏县知县，后又为四川富顺、南溪和巫山知县。后因父老称病告归，专事著述 30 余年。

段玉裁自幼喜欢文字声韵之学，在京时，又师事戴震，并结识了钱大昕、邵晋涵、姚鼐等学者，学业大进。返里后，又得与卢文弨、刘台拱、汪中、金榜等人相交。55 岁时，第二次进京都，得识王念孙、王引之父子，研讨音韵、训诂，颇为契合。他学识极为渊博，凡三代秦汉之文，历代字书、韵书，都烂熟于胸，经学、小学、校勘，都有极高的造诣。主要著作有《说文解字注》、《六书音均表》、《诗经小学》、《古文尚书撰异》、《毛诗故训传定本小笺》、《周礼汉读考》、《仪礼汉读考》、《汲古阁说文订》及《经韵楼集》等。

《说文解字注》简称《说文注》，它凝聚了作者大半生的心血，是段玉裁的代表作，也是清代研究《说文》的最重要的著作之一。他注《说文》的目的在于“通其条贯，考其文理”，“得许氏作书之旨”。为了注《说文》，他从乾隆四十一年（1776 年）开始，用 19 年的时间写成《说文解字读》540 卷。以此为基础，又用了 13 年的时间进行加工剪裁，于嘉庆十二年（1807 年）写成《说文解字注》，嘉庆二十年（1815 年）刊行。这部书一问世，很快就赢得了崇高的声誉，被公认为解释《说文》的权威性著作。与段玉裁齐名的小学家王念孙评价此书是自许慎以后“千七百年来无此作矣”。该书主要有如下几个特点：

（1）揭示许书体例。许慎著书，本有条例，然而古人对于理论不大重视，许多问题并不专门阐明，只是在著书实践中贯彻之。更兼《说文》一书屡经传写，讹误逐渐增多，条例更是变得隐昧不明。后人研读《说文》，如果不能通其条例，则其脉络不可晓畅，可以说并没有充分地读懂了；注释它却不能发其条例，则是重大的缺陷。段氏以前，研治《说文》者恰恰多不能通其条贯，考其文理。徐锴的《说文系传》虽有涉及，但为数过少，而且极简略，绝大部分体例都未能详述。段氏认为必须“通乎《说文》之条理次第，斯可以治小学”，因此他特别注意许书体例的阐发，广蒐材料，对许氏著书条例，写作旨意，融会贯通，从而发凡起例，进行阐述，详于注中。如“元”字下注道：“《说文》，形书也。凡篆一义，先训其义，若‘始也’、‘颠也’是；次释其形，若‘从某’、‘某声’是；次释其音，若‘某声’及‘读若某’是。合之者以完一篆，故曰形书也。”有时在《说文》一部之末段氏也作注，表明条例。如《一部》末尾注云：“凡部之先后，以形之相近者为次；凡每部中字之先后，以义之相引为次，《颜氏家训》所谓‘隐括有条例’也。”像这种有关体例的说明在全书中比比皆是，从而使读者对许书的理解能更为深入。段氏的发明条例多是从许书中归纳出来的，但他还以此为起点推衍开来，订正后人传写讹误，恢复《说文》原貌，解释很多疑难问题。可以说，只有在段氏以后，《说文》才成为一部可读之书，《说文》学才可能大显。

（2）以形、音、义互求的原则进行研究。段玉裁已经认识到汉字是形、音、义的统一体，提出研究汉字必须遵循形、音、义三者互求的原则来进行。他说：“小学有形、有音、有义，三者互相求，举一可得其二。有古形，有今形；有古音，有今音；有古义，有今义。六者互相求，举一可得其五。”（《广雅疏证序》）他还说：“一字必兼三者，三者必互相求；万字皆兼三者，万字必以三者彼此交错互求。”（《说文·叙》注）可见段氏深明形、音、义的内在联系，而且认识到形、音、义的历史演变。在段氏的形、音、义三者互求之中，其枢纽是音，以音韵进行训诂，所以他说："圣人之造字，有义以有音，有音以有形。学者之识字，必审形以知音，审音以知义。"（《说文·叙》注）这与清人所说的"字书、故训、音声未始相离"是相吻合的。本来因声以求义，就古音而求古义，在宋、元、明直到清初已有很大发展，但是他们都没有段氏认识得透彻。更兼段氏精通古音，学识超人，因此段氏研究成绩之巨大，是前人所不能企及的。段氏的研究已是用语言学的观点来进行了。他虽也继承了戴侗、方以智直至黄生等人的"右文说"研究成果，但有了很大发展，他研究文字的角度不再停留在就形以说义上，而转向了就音以说义了。他把"文字起于声音"的学说同《说文》"以形为主"的特点有机地结合了起来，使他的小学研究进入了一个崭新的境界，取得了惊人的成就。

（3）以经注许，以郑注许，经、字互证。段玉裁在给他的朋友刘端临写信时概括自己注《说文》方法云："其要在以经注许，以郑注许，而尤要以许注许。"经指以儒家经典为中心的典籍，郑指以郑玄为中心的汉代传注。和戴震一样，段氏把《说文》与经传对比研究，发现经传多用引申假借义，《说文》多用本义，并认为《尔雅》、《说文》相为表里。要对一个字有充分的了解，不仅要认识其本义，对其引申假借义也应有透彻的理解。段氏为了阐发许说，不仅用群经和传注来验证许说，而且把许说应用到经传的解释中，还把文字在经传中显示的引申假借义补充在注中，使本义、引申义组成一个完整的词义系统，并显示出词义引申发展的轨迹，使得字义大明。同时，由于许书本身也是从典籍中归纳出来的，它引用了大量的经籍来证明它的说解，或说字形，或说字音，或说字义，因此，要全面地领会许书的内容，也需要对所涉及的经籍进行诠释。段氏在注释中，凡是唐宋以前的典籍，大多涉猎到了，而且引用之精确，释义之精当，令人击节称赞，他确实是把许书贯通到了群书中。段氏还从许书本身的行文义例中推求许意，阐发许义，并订讹补阙，不但勘正许书，并连带勘正经籍，成就极为巨大。

（4）发掘一套完整的文字形、音、义的系统及其规律。段氏通过注《说文》，融进了自己对于语言文字许多精辟的见解。在文字的形、音、义领域，都有卓越的贡献。在字形方面，他对六书有独到的分析。同时，他发现了许多形体在使用过程中逐渐被废弃，被新的字体所代替，因而指明了古作某，今作某，“今某行而某废矣”。这样的例子在全书中不下300处，使读者对于文字形体的系统及其发展变化，有一个较为清楚的认识。值得指出的是，段氏虽未精研金石文字，更未能见到甲骨文，但是他的有些见解却能与甲骨文、金文暗合。如《上部》论古文“上”“下”当作“二”“二”，改“二”为部首，“丄”“丅”为篆文，删“丄”“丅”两篆，结论与后世发掘出的甲骨文相合。在声音方面，段氏用《六书音均表》统率全书各字，而且运用“合韵”和“转韵”指明某些字的语音流转，以音为纲，探求词义，不但声韵系统大明，而且声义之间的联系也愈加明显。在意义方面，段氏继承了徐锴、戴侗等人的词义引申理论并加以发展，提出了许多独到的见解，整理出较为完整的词义系统，并指出词有“隐括”义（概括义）和“随文解之”（具体义）两重性的分析，对汉语词汇理论的形成和发展有杰出的贡献。在同义词的辨析上，段氏提出了著名的“统言”、“析言”说，使许多问题得到了较为合理的解决，使词义的细微差别得到精确的辨认。“统言”、“析言”说虽从孔颖达的“对文”、“散文”而来，但有很大发展，已经撇开了具体的语境，进行较为纯粹的理论研究了。

当然，段注也并非十全十美。它的主要缺点在于盲目尊许和过于自信，或是因袭许书的错误，或是有些结论下得过于武断，因此存在着不确当的地方。但这些缺点只是白璧微瑕而已。作为对后人影响最大的小学名著之一，它的地位是不可动摇的。可以说，后世研究小学的学者，几乎没有不曾受惠于段氏的。

段玉裁在古音学方面也有突出成就，主要体现在《六书音均表》中，其中有四个方面值得注意：一是分古韵为 6 类 17 部，并据声音远近分合的次第重加排列。二是“支”、“脂”、“之”三部分立，这是段氏在古音学上的一大创见。三是指出“古无去声”，认为周秦时代只有平、上、入三声，魏晋后才逐渐出现去声。四是发展了顾炎武、江永以谐声偏旁求古韵的方法，提出“同声必同部”的理论。段氏的古音研究，不守前人窠臼，注重文献材料，大胆创立新说，能做到信而有征。钱大昕认为此书是“凿破混沌”之作。

5 王氏父子和清代的雅学研究

雅学是训诂的大宗，有清一代，雅学研究取得了很大成就。首先是新著有几部雅学著作，如吴玉搢（1699～1774年）的《别雅》，解释辨证古籍中的复音词，包括叠词和联绵词；朱骏声的《说雅》，把《说文解字》的材料仿照《尔雅》体例总辑为19篇；程先甲的《选雅》，汇集《文选》李善注，仿《尔雅》体例编成；此外还有洪亮吉（1746～1809年）的《比雅》以及夏味堂的《拾雅》、史梦兰的《叠雅》等，都有较高的成就。其次是对旧著的注释，主要有邵晋涵的《尔雅正义》和郝懿行的《尔雅义疏》。最为有名的则是王念孙的《广雅疏证》。

邵晋涵（1743～1796年）字与桐，又字二云，自号南江。浙江余姚人。乾隆举人，礼部会试第一。赐进士出身，乾隆三十八年（1773年）四库全书馆开馆，邵氏除翰林院庶吉士，次年授编修。晚年升为翰林院侍讲学士、日讲起居注官，并先后充任《万寿盛典》、《八旗通志》、国史馆、三通馆纂修官。邵氏博通经史，当时在翰林院，经学推重戴震，史学则推重邵晋涵，凡是史部图书，都由他主持编定。他的著作主要有《尔雅正义》、《孟子述义》、《谷梁正义》、《韩诗内外考》、《旧五代史考异》以及《皇朝大臣谥迹录》、

《方舆金石编目》、《輶轩日记》、《南江札记》等等。

《尔雅正义》是邵晋涵的代表作。《尔雅》一书，原来的注家主要有两个：一是晋郭璞注；一是宋代邢昺疏。邵氏对邢疏很不满意，认为它“浅陋不称”，于是以郭注为宗，兼采汉朝舍人、刘歆、樊光、李巡、孙炎，梁朝沈旋，陈顾野王，唐朝裴瑜等人的注，花了10年心血，著成《尔雅正义》20卷。据邵氏自序，该书的工作主要有六项：一是校勘文字，以唐石经本、宋刻本及诸书所引为据，“审定经文，增校郭注”。二是疏证郭注。三是补充郭注。郭注有云“未详”者，他就考齐、鲁、韩诗，马融、郑玄的《易注》、《书注》及诸经旧说，补其未备。四是援引书证。郭注所引主要是《诗》，让人误以为《尔雅》主要是释《诗》之作。邵氏为了破除误解，引证的范围扩大到《易》、《尚书》、《周礼》、《仪礼》、《礼记》、《大戴礼》、《春秋》三传和周秦诸子以至汉人著作，以与郭注相证明。五是就古音以求古义。邵氏认为“声音递转，文字日孳，声近之字义存乎声”，所以他往往取声近之字，旁推交通，申明其说。六是辨物，《尔雅》中草木虫鱼鸟兽之名，古今异称，历来众说纷纭，邵氏对确有把握者，即详加说明，没有把握的，就择录古注旧说。邵书是清代第一部全面研究注释《尔雅》的著作，而且成就极高，为后来研究《尔雅》提供了一个良好的开端。黄侃说道：“清世说《尔雅》者如林，而规模法度，大抵不能出邵氏之外。”

郝懿行（1757～1825年），字恂九，一字兰皋，山东栖霞人。嘉庆四年（1799年）进士，官户部主事。主要著作有《春秋说略》、《春秋比》、《荀子补注》、《易说》、《书说》、《诗经拾遗》、《郑氏礼记笺》、《山海经笺疏》、《竹书纪年校正》等，而尤以《尔雅义疏》用力最勤，影响也最大。

《尔雅义疏》是继邵晋涵《尔雅正义》之后清代全面研究注释《尔雅》的又一部重要著作。此书是在邵晋涵、臧镛堂诸家研究《尔雅》的基础上完成的，因而得以充分吸收前人的研究成果。而且当时以声音通训诂一法已颇为精密，段玉裁《说文解字注》和王念孙的《广雅疏证》都已饮誉小学界，因而郝氏在推求本字、注重以声音通训诂方面，又较邵、臧诸家大有进步，所论更为博洽宏通，释义大多精确可信。当时学者宋翔凤在给这本书所作的序中说，此书“通贯融会谐声、转注、假借，引端竟委，触类旁通，豁然尽见。且荟萃古今，一字之异，一义之偏，罔不搜罗。分别是非，必及根源，鲜逞胸臆。盖此书之大成，陵唐砾宋，追秦汉而明周孔者也。”郝书行世后，一度被看成与《说文解字注》和《广雅疏证》鼎足而立的清代小学三部巨著，享誉极高。

《尔雅义疏》的不足，主要是郝氏不太精通古音，因而在以声音通训诂时，或是依据乡音作为声转的根据，或是生拉硬扯，乱定通借，因此出现不少错误。无怪乎书成之后，王念孙曾加以删正，著有《尔雅郝注刊误》一卷。

在雅学中成就最高的，当推王念孙。实际上，王氏在整个清朝的小学界也是数一数二的人物。王念孙(1744~1832年)，字怀祖，号石臞（音 qú），江苏高邮人。他从小就随父来到北京，幼承家学，10岁即已通读“十三经”，又从戴震问学一年，打下了治学的根基。他的才学得到了戴震的高度称赞。乾隆间钦赐举人，后为进士。他在点翰林之后，先在工部任职，后任地方官多年。晚年在永定河道任上被迫退休，从此专心治学，以著述终其一身。他一生笃好经术，尤其精于小学。著述很多，主要有《广雅疏证》、《校正广雅音》、《广雅疏证补正》、《读书杂志》等，还有《释大》、《方言疏证》等书。其中成就最大、影响最广的是《广雅疏证》。他对训诂的杰出贡献，也主要体现在这部书里。

《广雅》是曹魏张揖所著，它收集了许多先秦两汉的训诂资料，是一部重要的小学书。但是隋唐以后，此书讹误渐多。尤其是后人把曹宪的《博雅音》（《博雅》即《广雅》避隋炀帝杨广讳而改）次于《广雅》正文之下以后，时有混杂，原貌难以知晓，给阅读带来一定麻烦。更兼此书内容包罗万象，有古语，有方言，有天文、地理，还有礼仪、风俗和虫鱼草木等，疏证起来十分困难。本来王氏最初打算著《说文考证》，但因段注先成，故而舍弃。又打算疏证《尔雅》，也因邵晋涵正义在前而作罢。他一度作过《方言》的校正，因有戴震的《方言疏证》在前，只作了《方言疏证补》一卷就中止了。《尔雅》、《说文》、《方言》这三书都是传统小学的重要著作，虽然因为有了他人注，王氏不再致力，然而三家著书的条例和精神对他却是很有启示的，他在疏证《广雅》时有了进一步的阐发。他在45岁那年，即乾隆五十三年（1788年）开始疏证，把注释《广雅》作为日课，每天疏证3个字，无论寒暑从不间断。到乾隆六十年，完成了9卷。最后一卷即第10卷采用了儿子王引之的稿子。《广雅疏证》主要做了三方面的工作：一是对《广雅》进行了精审的校勘，共校正讹字578个，补脱文491字，删衍文39字，校正先后错乱者123字，正文误入《博雅音》内者19字，《博雅音》内字误入正文者57字，基本恢复了其本来面貌。他随条补正，详举所由，广泛运用“内证”法和“外证”法，结论精确可信。二是匡正《广雅》之说以及当时通行的错误法说。如《释诂》“乐也”条下说：“比者，《杂卦》传：‘比乐师忧’，言亲比则乐，动众则忧，非训比为乐，师为忧也。此云‘比，乐也’，下云‘师，忧也’，皆失其义耳。”三是对《广雅》进行精审的疏通考证。

王氏疏证《广雅》最重要的方法是把声音和意义结合起来研究，即所谓就古音以求古义，以声音通训诂。在这一点上，王念孙是清代人中做得最好的，也是成就最大的。王氏在序言中明确说道：“窃以训诂之旨本于声音，故有声同字异，声近字同，虽或类聚群分，实亦同条共贯，譬如振裘必提其领，举网必挈其纲……今则就古音以求古义，引申触类，不限形体。”这是他治学的理论依据，也是他的训诂纲领。段玉裁在此书序中更进一步说：“怀祖氏能以三者（形、音、义）互相求，以六者（古形、今形、古音、今音、古义、今义）互相求，尤能以古音得经义，盖天下一人而已矣。”在他这个时候，以古音通古义一法早已为大家所使用，不是什么新东西了。但王氏所用之法与同时代人相比，甚至跟段玉裁相比，又是有所发展的，其关键之处就在于能“引申触类，不限形体”，而且以这个原则贯穿始终。宋代王圣美创立的“右文说”经过不断发展，到清初黄生已能概括出“凡从某声者多有某义”，但其时古音学不明，因而成就有限。段玉裁发展出“以声为义”，而且也能突破形体束缚，以古音求古义，与王氏的方法，本质相同，但因段氏着重于推求本字本义，而且顾及了《说文》一书的特点，因而在这方面未能像王念孙一样大畅其说。王氏在继承戴震转语说的同时，又接受了段氏的古音17部说，并加以细析为21部，然后把他的古音学和语音转变理论运用到语义训诂上，这才作出了杰出的成就。从全书看，他是贯彻了以声音通训诂这一原则的，他用得最多的训释术语首先是“语之转”、“语之变转”、“声之转”、“一声之转”、“声相近”、“古同声”、“声义同”、“声近义同”；其次是“音相同”、“古声同”、“古声相近”、“古同声通用”、“古声义同”、“声近通”、“声义相近”、“声义相通”、“声同义同”、“声近义同”、“古同声同义”等等，概括起来，大抵是同、近、通、转四科，即主要的四种声音转变的规律。

王氏以声音通训诂，首先，指明通假。王氏认为，明通假是研读古籍极为重要的手段，所以往往用本字去破其假借，使得《广雅》所述涣然冰释。其次，也是更重要的，王念孙以古音求古义，其旨趣不像段氏一样在于求本字本义，而在语根。他从一个字的训释考证，联系到很多字，从一系列形体不同而古音相同或相近的字中推求出其意义间的内在联系，即其意义的根源，所以实际上是探明了其词源和词族。书中常常能摆脱形体，只从声音上阐明“某之言某也”，是极有远见卓识的。可以说，《广雅疏证》就是一部探求词源，指明词族的巨著。同时，王念孙还从语根上考察词语的流变，因而他的以音求义，往往是环环紧扣，触类旁通，得心应手，左右逢源，所论极为宏通。这种方法，对后人研读古书有很大的启发作用。

王氏利用形、声、义互求，在着重声义关系的探求时，并没有忽视字形。相反，他很注意文字的形体因素，通过字形结构、同字异体、传本异文等推求意义，如《释诂》“美也”条：“将者，《豳风·破斧》首章‘亦孔之将’毛传云：‘将，大也；大，亦美也’……美从大，与大同意，故大谓之将，亦谓之皇；美谓之皇，亦谓之将……”同时，王氏还利用具体的语言环境来推求词义，主要是从上下文的关系来作理解，贯以类比之法，通其词言之情，如通过语言现象中上下文义的相同、相近、相因、相反等的不同，以及互文、对文、散文、连文等推证词义，解决了许多疑难问题。

王念孙和他的儿子王引之的治学方法是一样的，王引之的学问都来自王念孙，而且，他们两人的工作其实也很难截然分开。如《广雅疏证》中的末卷出自王引之手笔，而《经义述闻》以及《经传释词》虽出自王引之之手，但其中有很多地方是王念孙的东西，因而王氏父子通常是并称。《读书杂志》和《经义述闻》都是王氏父子很重要的训诂著作。前者包括《逸周书杂志》、《战国策杂志》、《史记杂志》、《汉书杂志》、《管子杂志》、《晏子春秋杂志》、《墨子杂志》、《荀子杂志》、《淮南内篇杂志》、《汉隶拾遗》，是王念孙读子史的心得札记，主要内容也是校订古书讹误，疏解前人疑义。其方法，既注重以古音求古义，指明通假，阐明义理，更注重以上下文校字释义，讲求“揆之本文而协”，“验之他卷而通”。《经义述闻》包括《易》、《书》、《诗》、《周官》、《仪礼》、《大戴记》、《小戴记》、《春秋内外传》、《公羊传》、《谷梁传》、《尔雅》等书的读书心得，为王引之辑其父王念孙之说及自己研究诸经的心得而成。全书以札记形式写成，共2045条，引述王念孙之说时就冠以“家大人曰”，自己的研究心得则标出“引之谨案”或不标“案”。全书因声求义，明假借，求本字，定犹豫，息聚讼，创获甚多。《经传释词》是王引之所撰的专释虚词的著作。在王氏父子看来，古书训诂主要有两大难题：一是通假，二是虚词，所以他们在这两方面下了很大的工夫。《经传释词》共收虚词160个，主要取材于周、秦、两汉古书。王引之在书中提出了一些新术语，如“常语”，指常用虚词的常用义；“语助”，指句中的音节衬字或词头；“发声”，指句首的助词；“发语词”，相当于句首语气词。作者对虚词的研究，采用的仍是训诂的方法。首先是从一声之转判断虚词的同义关系，其次是从互文判断虚词的同义关系，再次是从异文判断虚词的同义关系。此书做得尤其出色的，是成功地运用了比较、分析和归纳的方法，列举大量句式相似的书证进行比较和归纳，从而能得出正确的结论。《经传释词》是清代虚词研究成就最高的著作，对后世的语法研究有很大的启发作用。

王氏父子的训诂成就是极为巨大的，但也存在着一些缺陷。如把声义关系过于绝对化，因而有时滥用“一声之转”和“古音通假”，也有时是古人不误而强词夺之。另外，对同源字与通假字、古今字也未能作出科学区分，存在着体例不清等问题。

6 余论

近代学者黄侃先生曾指出，清代小学的进步性主要表现在知求本音、推求本字以及推求语根。这一看法确是极有眼光的。我们说清代是训诂学的鼎盛期，固然是因为清代学者众多，对几乎所有方面的典籍都进行了整理研究，并取得了极大成就，更因为到了清代以后训诂学本身有了极大的飞跃。历来的小学研究，侧重于小学的外部规律，注意小学与经学、小学与名学以及小学与诗学的关系等。直到元明之后，尤其是戴震提出“字学、故训、音声”三结合的学说，才揭开了探求小学内部规律的序幕。其实，训诂学的许多具体方法，是在清代之前早就运用了的，不管是以形索义、据文证义还是因声求义，可以说在明末清初都已发展得较为成熟，清人不过是善于继承并发扬光大而已。清人的杰出之处，正在于能把形、音、义三者结合起来研究。严格说来，段玉裁是这方面的第一人。

事实上，知求本音，推求本字和推求语根这三点在清代是有阶段性的，从顾炎武到戴震、段玉裁，主要是知求本音和推求本字，推求语根则是在王念孙之后了。这一点是必须清楚的。

在谈到清代训诂学的时候，段玉裁和王念孙可以说是“永恒的主题”。正如谈汉代训诂学必须提到许慎和郑玄一样，谈清代的训诂学就不能不提段玉裁和王念孙。他们俩不但是同时人，而且是同门，相互间关系密切。更主要的是，他们的治学门径相近，并各自取得了惊人的成就，可谓是清代的巅峰了。

在以音求义这一点上，段王二人是基本一致的，只是段玉裁是通过注《说文》来阐发自己的语言文字理论，王念孙是通过疏证《广雅》来证其所得。《说文》是对文字形、音、义三者进行全面解释的书，因此段氏要兼顾语言和文字两个方面，在以音求义的同时，还注意以形释义，或以义释形与音。《广雅》则纯是义书，王念孙更主要的是用声音去贯通词义，能不为形体所束缚，因此他对于以形说义，就相对地不那么重视。段玉裁的“以声为义”是从右文说直接发展而来的，既紧扣声音，也紧扣形体。王念孙的“就古音以求古义”则是“引申触类，不限形体”，他们两人的区别在于此。

段氏以音求义的目的，主要在于推求本字本义，并抓住本义，探求其引申义，得出词义系统。对于同义词间的精微区别，段氏也注意加以辨析。王念孙以音求义的目的则是推求语根，用语根统率一系列衍生的同源词，着重的是它们的共通之处。在这一点上，段氏着重的是词词之间的“别”，而王氏着重的则是词词之间的“通”。他们二人互相补足，交相辉映，共同构成小学史上的奇观。

清代考据学在很大程度上是作为宋明理学的对立物而兴盛起来的。宋明学风空疏，清人讲求实学，注意实证，尤其是注意对语言材料的占有。因而他们大多数人学问深厚，功底扎实，言而有据。宋明理学多不讲训诂，只注重义理的发挥，清人在继承宋学的很多优点的同时，也不排斥汉学，真正克服了汉学“学而不思”和宋学“思而不学”的弊端。但是自戴震以后，尤其是段、王以后，清代训诂学的巅峰期就算过去了。尽管训诂学的繁荣局面还延续了不短的时间，但是终究未能有人超过段、王，到了道光、咸丰年间，训诂学已经走向衰落了。究其原因，一是学者们崇古守旧，缺乏创新精神。从训诂方法上说，始终没有超越因声求义的樊篱，也没能在这一领域本身有所突破，而只是沿着段、王的路子拾遗补阙。按说，训诂学从内容到方法都很丰富，因声求义是汉代、唐代学者使用的方法之一，还有许多别的方面在清代没有得到发展或进展不大。从学风上说，许多学者钻在故纸堆里寻章摘句，与古人争训诂，远离现实，考证烦琐，逐渐趋于保守。第二个原因是社会状况发生了变化。乾嘉以后，社会矛盾激化，原来的天下太平变得逐渐动荡不安。在鸦片战争以后，帝国主义入侵中国，中国沦为半封建半殖民地，内忧外患，战乱频繁，文化遭到了极大的破坏，许多学者无法专心于学术研究；更有志士仁人忧国忧民，他们认为考据训诂不切实用，弃而不治。这样，清代训诂学的衰落就是不可避免的了。

从整体上说，清代的训诂学仍有局限。首先，仍未彻底摆脱经学附庸的地位，学者们的主要精力是放在对儒家经典的整理和解释上，他们首先是经学家，然后才是小学家。治训诂以通经，通经为致用，这就是他们的治学目的和途径。其次，清代学者仍有因袭古人的倾向，注重单个字词的研究和名物考证，对理论的系统研究相对地还是比较少。清人没有写出全面、系统的理论著作，而是随文立意，把自己的见解融在注疏之中。如王念孙，也一定要借疏证《广雅》来证其所得，显示出训诂学未完全独立。再次，清儒只注重古籍的考证，对活的语言则很少研究，因而使他们的研究受到很大的局限。

七　训诂学的突破——民国

鸦片战争以后，中国饱受帝国主义的欺凌，一步一步地陷入了半封建半殖民地的深渊。尽管有许多爱国志士浴血奋战，拯救这个灾难深重的民族，但是终究没能改变国家和民族的命运，人民依然生活在水深火热之中。一些有识之士指出，要富国强兵，就必须学习西方的科学技术。于是后来有了洋务运动，有了变法维新。于是西方的学术和文化源源不断地涌入中国，在许多方面给中国的学术和文化注入了新鲜血液，西学东渐的速度大大加快了。在这种情形之下，中国的小学也受到了很大冲击，加速了向现代语言学转变的进程。1906 年，章炳麟（太炎）宣称，“小学”要改称“语言文字学”。这表明了小学包括训诂学将彻底摆脱经学的附庸地位，成为一门自觉的独立的学科。在 20 世纪上半叶的训诂研究中，学者们在继承传统训诂学的基础上，大多自觉不自觉地受到西方学术的影响。这一时期训诂学研究成就较高的有章炳麟及其弟子黄侃、沈兼士，此外还有刘师培、王国维等。

章炳麟（1869 ~ 1936 年）字枚叔，初名学乘，因仰慕顾炎武的为人，改名绛，别号太炎。浙江余杭人。他9岁时从外祖父朱有虔学习经训，同时受到了民族主义思想的启蒙，少年时期就立志反清复汉。23岁后，在杭州诂经精舍受业于俞樾，前后共8年，在学业上打下了坚实的基础。同时他又曾问学于黄以周、谭仲修，接受浙东学派的史学观和民族思想。他在青年时期就投身革命运动，曾任《时务报》撰述和《经世报》编辑，主编《民报》和《大共和日报》。章炳麟一开始是作为一个改良主义者走上救国道路的。在义和团运动发生后，八国联军攻入北京，清政府腐败无能、投降卖国的嘴脸彻底暴露，他清楚地认识到不推翻清王朝，国家就没有希望，于是毅然与改良派分道扬镳，走上了民族革命的道路，不遗余力地鼓吹革命，成为一个如鲁迅所说的"有学问的革命家"。

另一方面，作为一个著名的学者，他在语言文字学、经学、哲学、文学、史学、佛学、医学乃至社会学等领域，都有很大的成就。尤其是他终生致力的语言文字之学，更是创获良多。他继承了戴震、段玉裁、王念孙以来皖派的治学精神，以文字为基点，精研训诂，博考史实，从校订经书扩大到子史，从释经扩大到考究史地、天文、历法、音律、典章制度等。他长期从事学术著述和教育工作，撰有大量的学术论著，其中关于语言文字的论著主要有《国故论衡》、《小学答问》、《新方言》和《文始》。

《国故论衡》是章氏关于语言文字学的总论。其中有关训诂的重要论著有《语言缘起说》、《转注假借说》和《小学略说》等。《语言缘起说》是章氏语源理论的重要部分，它主张凡事物命名都不是随意的，或是有理据，或依发声之语等。《转注假借说》认为许慎“建类一首”的“类”是声类，“首”是“语基”，即语源。因此，六书转注是为语词的方音之异、或引申派生而造字，六书假借是词义引申而仍同用一字。转注恣文字之孳乳，假借节文字之孳乳。章氏从理论上阐明语言文字的创造孳乳皆自音衍，从语音的关联上证明词义的相互联系。《小学答问》是章氏回答生徒问疑的言语汇集，多是解决文字通假问题，因声求义，说明本字及字体流变之迹。《新方言》搜集方俗异语800多条，编为10类，每类1卷。全书运用音转原理，从时地出发说明词语的错综演变，推今言而通古语，援古语以证今言，广征博引，穷究其源。此书为中国词源学的研究开辟了新路。

章氏语源学方面的代表作是《文始》。此书也是汉语史上第一部理论、方法、条例初具规模的语源学著作。它以上古汉语词汇为对象，历史地考察词义发展和词汇发展的规律，试图从理论上证明词义的必然联系和同源词的历史联系。他在《文始·叙例》中对写作此书的纲领做了说明：取《说文》中的独体象形、独体指事字称作“初文”（如“木”、“日”、“刃”），取《说文》的合体象形及指事、省变、兼声、叠体这四种介于独体与合体之间的字称作“准初文”（如“果”、“匕”、“齿”、“林”等），共得510个字，集为437条，“讨其类物，比其声均，音义相雠谓之‘变易’，义自音衍谓之‘孳乳’……亦以见仓颉初载规摹宏远，转注假借具于泰初。”也就是说，他把初文作为观察语言系统的开始，也是他寻找和证明的源头，根据初文来“讨其类物”，于是得到变易（即词语的音义相同而字形有别）、孳乳（指词语的义类相同而音形小异）两大条例，《说文》中的字和后世的“俗字”都因此得以统摄。同时，他要“比合音义”，这是他探源的枢纽，他通过声韵的流转，探明了语言和文字的变迁。再次，他要“道源穷流”，这是他治学的要谛。总之，他是要抓住语言的“源头”，据音系联，并进一步制定出音变、义变条例，音义互治，探讨同源字族，研究出整个源流系统。于此可以看出，章氏的高明之处，在于对文与字不再停留在音同义同、音近义通、一声之转这种说法上，而是依照文字发展演变规律来探讨其源流，即有历时的观念。他对于声音，也不再局限于同、近，而是依照他的“成均图”，明白地说明对转、次对转、旁转、次旁转。尽管时有转得过滥之嫌，却也合乎音理和语言实际。至于发明孳乳、变易二大例，更是语言学史上的一大进步。

章炳麟学有师承，渊源有自，他和他的弟子黄侃是乾嘉学派的殿军，可以说是清代小学的集大成者。但是，由于他处在中国从半封建时代向新时代过渡这样一个新旧交替的历史转折时期，这使他一方面关心现实，投身革命；另一方面，他的学术也带有鲜明的时代特色。他不懈地吸收国外的新鲜知识，对清代小学进行革新和开拓，使新知旧解融会贯通。他一方面继承乾嘉学派的治学方法，以文字学为基点，建立古音系统，探索词义训诂；另一方面又接受西方普通语言学和比较语言学的原理，用语言观点考察文字现象，探索语言文字的起源和发展。因此，章炳麟既是传统小学的集大成者，又是中国现代语言学的启蒙大师。他治学的特点之一，即是以语言为主要对象，以语义为核心，用历史比较的方法，从音义的结合上研究语言文字的渊源流变。他使训诂学研究由清儒主要以字义为中心转向以语义为中心，并从而进入了语源研究的新阶段。章氏的研究，已经不再是传统的语文学，而是语言学的性质了。

章炳麟在音韵学领域也有巨大的成就。他的古音学熔清代诸家学说为一炉，受孔广森、严可均二家影响尤深。他的古音学说的一大特点，就是很注意音理，而这音理又受梵语语音学的影响。他立古韵为 23 部，即取王念孙 21 部，采孔广森冬部，又以脂部去入声字立队部，后者则是他的独创。他在古韵分合上的意见有三点值得注意：一是平上与去入两分说；二是古无收〔K〕的入声；三是入声韵分阴阳二类说。他还总结戴震、孔广森、严可均诸家的学说，提出一套韵部之间相互通转的理论。在古声纽问题上，他取钱大昕古无轻唇、古无舌上音说，又创古音娘日二纽归泥说，定古声纽为 21 个。

章氏的主要局限是语言文字起源问题还不够清楚。首先，他虽认识到“字之未造，语言先之”，但他认为语言的音义结合一开始就是必然的，而且把初文当作语源，这就使他的语源研究一开始就不可避免地产生许多问题。其次，他过于崇信《说文》，排斥甲骨、金文，不免偏颇，显示出他认识上的局限性和他学术上的局限性。

黄侃（1886～1935年），字季刚，又字季子，早年字梅君，名乔馨，晚号量守居士。湖北蕲春人。他生于书香门第，父亲黄云鹄是咸丰进士，晚年任江宁（南京）尊经书院山长，继任湖北两湖、江汉、经心三书院山长，咸丰、同治间以文章名世。黄侃自幼聪颖过人，又经名师启蒙，9岁时已读完经书。15岁入郡庠，17岁应乡试不中，入武昌普通学堂。随后投身革命，留学日本。1907年开始师事章炳麟，学习小学、经学，同时参加革命活动。民国初年又拜刘师培为师。此后专力从事小学、经学、文学的研究与教学，先后任教于北京大学、武昌高等师范、北京师范大学、东北大学、中央大学（现南京大学）等校。

黄侃的小学经学造诣极高，他远继汉唐，近承乾嘉，而又不受其局囿，在文字、音韵、训诂各方面都有重大发展，蔚然成一家之言，在近代学术史上占有突出的地位，产生过巨大影响。他治学极为谨严，轻易不下笔著述，他称赞江永"年五十后岁为一书，大可效法"，自己也决定50岁才开始著书，不幸他恰恰在49岁时去世了。因此，他生前发表的著作并不多，他的学说主要是靠辛勤的教学活动传播的。他的著作是后人陆续整理出版的，有《黄侃论学杂著》、《尔雅音训》、《说文笺识四种》、《文字声韵训诂笔记》、《量守庐群经笺识》等数种。

黄侃在训诂学方面的主要成就有两点：一是系统地总结了训诂学的经验和方法，第一个建立了训诂学的理论体系。我们知道，训诂学的发源很早，其萌芽时期当在先秦。从汉代开始，训诂就成了专门学问。但自那时一直到清末，都没有人提出全面系统的训诂学理论。黄侃在全面总结前人的训诂成就的基础上，经过深入细致的研究，整理出训诂学的系统的理论。黄侃在中央大学讲训诂学的讲稿名为《训诂学讲词》，从他的从弟黄焯先生的听课笔记来看，虽然较为简略，未能窥见黄侃训诂理论的全貌，但其规模、轮廓还是较清楚的。再综合《文字声韵训诂笔记》来看，可知黄侃对于训诂学、训诂的发生、训诂的意义、训诂的方式、训诂的流别、训诂的种类、求训诂的次序、声训和声训推源等，都有明确的论述，颇有系统。其中有很多论述至今仍有重要的价值。如他在“训诂之方式”一节中提出了互训（直训）、义界（界说）、推因（推求字义得声之由来）的概念，是对传统训诂实践的精辟总结。自黄侃提出以后，很多训诂学研究者皆本其说，至今不衰。又如他划清了“独立之训诂与隶属之训诂”、“说字之训诂与解经之训诂”这两对概念之间的界限，准确地说明了《说文》一类书与《尔雅》一类书的本质差别，廓清了对这两类训诂的模糊认识，更便于这两类训诂的研究与应用。再如他强调声训的重要，他首先认为训诂的最终境界应是对形、音、义三方面给予全面注意，否则就是“不完全之训诂”。

"完全之训诂"为声训，但是典籍的资料、先儒的训释以及字形的剖析都是声训不可或缺的辅助手段。他既认为训诂不应受文字形体的局限，同时也对不拘形体的以声音通训诂提出了原则。其次，他所说的声训包括了"推因"，即寻求语源和字根，也包括了研究字词的统系，也就是今天所谓的字族、语族。黄侃从揭示语言文字产生发展的客观规律的高度上，科学而深刻地论证了语源和字源的客观存在，描画了它们由源到流的同源派生轨迹，揭示了词族、字族的形成过程和方式，并在此基础上阐明了推寻字源、探求语根的可能性，提出了语源研究的若干原则和方法。这是对乾嘉以来"以声音通训诂"之学（包括章太炎之学在内）的重大发展，开了语族学的先河。此外，黄侃还注意字词的本义、引申义的分析整理，并提出了相应的阐述。

二是在训诂实践上对古代训诂专著的研究成就很高。他把《尔雅》、《小尔雅》、《方言》、《释名》、《广雅》列为"训诂根柢书"，并且逐一作过细致深入的研究。但除了他早年写过一篇《尔雅略说》外，其余成果均未成篇。他在这些书上密密麻麻地写下了大量批语，大都极为精当，显示出高深的造诣。这几部书，有的已流落海外，有的尚留在国内。《尔雅音训》一书，就是根据他在《尔雅义疏》上的批语整理而成的，仅据此就可以见其训诂专著研究之一斑。

《尔雅音训》是对郝疏的增改，增其引证之不备，改其论述之谬误。无论是增是改，他都非常重视引用文献来证明其说。他对臧琳、段玉裁、王引之、邵晋涵、严元照、阮元、邹汉勋、俞樾等人也都多所匡正。他所纠正的，往往正是前人过于武断缺乏证据的地方。

黄侃每治一书，都十分注意考察其条例，这一点在他在《尔雅》研究中也表现了出来。他曾对陈玉澍《尔雅释例》逐条笺识，多驳其说。在《尔雅音训》中更是屡发《尔雅》以及郭璞注释的条例。特别是黄侃能把形、音、义统一，形书、音书、义书有机联系的原则，贯穿在对《尔雅》的研究中，他对《说文》与《尔雅》更是配合着研究，使两方面的工作相辅相成。他说："《尔雅》解释群经之义，无此则不能明一切训诂；《说文》解释文字之原，无此则不能得一切文字之由来。盖无《说文》，则不能通文字之本，而《尔雅》失其依归；无《尔雅》，则不能尽文字之变，而《说文》不能用。"从他在《释诂》"疾也"条下的笺识可以看出，黄侃运用《说文》与《尔雅》就像"车之运两轮，鸟之鼓双翼"。总的说来，他所进行的工作，主要是"以音说义，以书证音。"

黄侃在以声音通训诂方面，与其师章太炎有所不同。章氏《文始》的主旨在于按照声音寻求字的源头。这是语言文字学的一个创举，开辟了字源学、语源学的研究领域，但有不少地方失之于主观武断。黄侃《尔雅音训》虽也时或论及语源，但全书的重点是在寻求语族所共同遵循的声韵规律，亦即表达某类观念的语音形式。至于某一族词中哪个是源，哪个是流，其最初的书写形式如何，却常常阙而不论，体现出他的审慎与谨严。

黄侃一生在训诂方面下的工夫最大，但他在音韵学、文字学方面也是蔚成大家。在古韵分部方面，黄侃继承先儒之说，综合各家发明，在章炳麟23部的基础上，加上戴震所立锡、铎、屋、德、沃5部，立古韵为28部，可以说是集乾嘉以来古韵分部之大成。他自称28部之立是“皆本昔人，曾未以臆见加入”，但是清儒在分部问题上多有异同，歧说互出，黄侃根据大量的文献材料，定为28部，其说一出，几成定论，这说明他的28部并非简单的综合，取舍之间，正见其精深。本来黄侃还认为谈、添、盍、帖应当分为4部，他不但有音理上的根据，而且有文献资料可资证明。但是终因《诗经》中这4部的韵脚字太少，所以他始终没有在他的韵表中增加谈、盍两部。这正是他的严谨审慎处。若干年后，俞敏先生先后以汉藏语比较和梵汉对音的方法进行研究，得到了同样的结论。在古声纽方面，黄侃就陈澧《切韵考》今声41类归并，定为19纽。其中古无轻唇音、古无舌上音是采钱大昕说；娘日归泥取自章炳麟说，黄氏又将群母归溪，邪母归心，喻母归影，照二归精，照三归端，得出19纽。他提出的照系的归属是几十年来音韵学界所公认的巨大贡献之一，是钱大昕、章太炎以来的又一次重大突破。

黄侃在文字学领域的成就主要体现在《说文》的研究中。他研治《说文》，走的基本上是章炳麟的路子，不沉溺于前人的研究成果中，而直接从许氏原书中另辟蹊径，并发现了《说文》的许多重要条例。他指出《说文》对每个字的说解都是形、音、义三者统一的，《说文》的说解一定和形体相贴切。在分析形体时，他明确提出了“笔意”、“笔势”的概念，这不仅使得《说文》所列古文及其与篆文的变革关系更为了然，也进一步使人认识到《说文》条例的谨严。同时，他更注重从声音上去探索，要“以音说义，以义证音”。他不仅指明了声音与文字、语言的关系，而且超出了前人横向描写的局限，深入到从纵向探讨文字之源的领域，而研究文字的根源又是寻求语源的不可或缺的阶梯。此外，黄侃对于形声字也有独到的见解。他说：“凡形声字之正例，声必兼有义”，“凡形声字无义可说，有可以假借说之者”，因为“古者造字时已有假借。”先儒在论述形声字声符表义作用的时候，往往不是混同了会意与形声，就是拘于声符的形体。黄侃的声符假借说，克服了这些弊病，开拓了利用形声字研究字源学的更为广阔的道路。黄侃对造字时的声母数音现象、对《说文》异部重文、旁见说解等也多有发现。值得一提的是，有人对黄侃的文字学提出过责难，认为黄侃和章炳麟一样，是不相信甚至反对甲骨文、金文之学的，这其实是一种误解，具体情况不一一介绍了。

黄侃之能够取得这么大的学术成就，固然有他的天赋和明师引导的原因，但更主要的是他的勤奋、可贵的治学精神和谨严的治学态度。他生活在中国极为动荡的时代，在投身革命的同时，他还把学术看作是救国家匡民心的重要手段。他一生学术活动的最大特点就是注重务实，这与乃师章炳麟的精神是一脉相承的。他治学的特点之一是能很好地处理好继承与发展的关系，具体说来，就是师古与趋新以及恪守师承与博学多闻的关系。他一生敦古，因为他认识到先儒言不虚设，陈义精审，故而对于先人典籍能下大力钻研，轻易不下笔著述。但是他崇拜古人，并不迷执其阙失，他对于前人的功过非常清楚，对于唐人和清儒都有十分中肯的评价。黄侃一生尊师也是有名的，但他的尊师和他的敦古一样，旨在尊重真理，并非墨守师说。他治学的另一特点是宏通谨严，以愚自处。他不但精于小学、经学，而且于名物、制度、文辞、义理等无不兼综广揽，潜心涵泳。正因为如此，他深知先儒立说之不易，于是自己在著书这件事上非常谨慎，决定50岁再开始著书。从治学的态度来说，这又是非常可贵的。黄侃认识到学问之无止境，因此始终能以愚自处，下死工夫钻研，“当日日有所知，日日有所不知”，不断进取，谦虚谨密，并敢于正视自己的错误，这确实是一个“以四海为量，以千载为心”的学者的胸怀。

刘师培（1884～1919年）字申叔，又名光汉，号左盦（音ān)，江苏仪征人。光绪举人。他出身于经学世家，又兼通史学和小学，与章炳麟齐名。时人号为“二叔”。他年轻时曾参加同盟会，后来思想趋向保守和反动。在1917年后应聘为北京大学教授，弃政从文，专事教学著述。他享年虽短，但著述宏富，有《国学发微》、《中国文学教科书》、《经学教科书》、

《周礼古注集疏》、《礼经旧说考略》、《周书补正》、《春秋繁露斠补》、《正名隅论》、《物命溯源》、《字义起于字音说》、《古书疑义举例补》等。后人辑其著作74种编成《刘申叔先生遗书》。

刘氏精通文字、音韵、训诂，治学宗古文经，训诂学宗右文说，对右文说进行了推阐和发展。他在《字义起于字音说》中，专门论述了他的声义理论。他把“音近义通”几乎绝对化了，认为形声字声符无不有义，甚至同韵同部之字义多相近，古声同纽之字义多相近。这又似乎走得过了头，“过犹不及”，显得偏执和片面了。

在右文说研究领域取得更大成就的，是章炳麟的另一个弟子沈兼士。沈兼士（1887～1947年），浙江吴兴人。他早年游学日本，师从章炳麟，并加入了同盟会。回国后在嘉兴、杭州间执教。不久，先后受北京大学及厦门大学、清华大学、女子文理学院等学校之聘，任国文系教授。历任北京大学文学院院长、故宫博物院文献馆馆长、中央研究院历史语言研究所通信研究员、北京大学研究所国学门主任、辅仁大学国文系教授、代理校长、文学院院长兼文科研究所主任等职。他在文字、训诂、音韵学上都很有研究，编著有《文字形义学》、《广韵声系》、《六书讲义》以及论文数十篇，多收入后人编的《沈兼士学术论文集》中。

沈兼士在训诂学方面的成就，主要体现在汉语字族学即同源字（词）研究上。他是从研究右文入手的，他的《“鬼”字原始意义之试探》、《希、杀、祭古语同源考》、《袒裼、但马、划袜》和《联绵词音变略例》各篇，是他语源学研究的实践工作，而《右文说在训诂学上的沿革及其推阐》、《声训论》各篇，则是他语源学理论的集中阐述，二者相为表里，他系统地论述了右文说的历史沿革及各家的得失，对右文说作了理论的推阐，并以右文说为武器探求语源。沈氏的语源学源自章炳麟，但是后出转精，不但更为精密细致，尤其独到的是历时观念很强，字字求出其发生的次第，从个体现象归纳出总体规律。他采用纵向（历史）、横向（比较）、综合（归纳）、分析（别类）的研究，从纷繁的现象中总结出右文的规律。他把右文归为六式：本义分化式、引申义分化式、借音分化式、本义与借音混合分化式、复式音符分化式和相反义分化式，进而得出“右文之一般公式”。沈氏研究右文，旨在推阐，即探求语根，这是他在继承前人基础上独创的有效方法。他的研究，不像传统训诂学那样就事论事地零散研究，而是着力探求语言演变规律的总模式。其方法系统而自觉。而且，他既重归纳、实证，又充分思辨、大胆演绎。所有这些，使沈氏成了右文说领域的集大成者，至今无人出其右。

另外，王国维的主要成就则是考据学和文字学，他也是清代考据学的集大成者之一。

王国维（1877～1927 年），字静安，一字伯隅，号观堂。浙江海宁人。他 15 岁进州学，肄业于杭州崇文书院，1898 年赴上海，结识了罗振玉，并在罗所办的东文学社学习新学。1901 年春任武汉农务学堂译授，秋天赴日本东京物理学校留学。1902 年回国后，历任南通、苏州等地师范学堂教习。后随罗振玉入京，先后任学部总务司行走、学部图书馆编译、名词馆协修。辛亥革命爆发后避居日本京都，从此尽弃前学，专门研究经史，致力于古文字研究。1916 年回国，1922 年任北京大学研究所国学门通信导师。1923 年入清宫为南书房行走。1925 年任清华研究院教授，讲授《尚书》、《说文》、金文等。1927 年在颐和园昆明湖沉水自尽。

王国维早年研究哲学和文学，深受德国资产阶级唯心主义哲学和文艺思潮的影响。后又改攻经史，潜心古文字研究，所以能集中学、西学于一身，在他的学术研究中取得了巨大的成就。生平著述共有 62 种，大都收入《海宁王静安先生遗书》。早年所作的学术论文，辑为《观堂集林》一书。

王国维在训诂学、古文字学、音韵学等领域都颇有建树。在训诂学领域，他能在历史文化背景下考察词义。如《明堂庙寝通考》、《陈宝说》、《生霸死霸考》等文，都是如此，创见很多。同时，他继承了因声求义的传统，对汉语词源进行探讨。如《肃霜涤场说》、《〈尔雅〉草木虫鱼兽名释例》等文。在古文字研究方面，成就最大的是甲骨文。他首创以甲骨刻辞资料考证古史的“二重证据法”，使古文字、古器物之学与经史相表里，撰写了《殷卜辞中所见先公先王考》、《三代地理小记》等大量论著，不但在史学上独辟蹊径，发明和验证了古史，而且使甲骨资料本身的年代得以确定，成为断代研究甲骨的开端。在金文研究方面，著有《宋代金文著录表》和《国朝金文著录表》（按：国朝，指清朝），是检索宋代和清代书中所著录的有铭文铜器的重要参考书。他还写了10多篇考释青铜器铭文的单篇文章，见解都很精辟。在音韵学方面，他的首要功绩是对韵书的整理研究，同时在上古韵的研究中成绩也很突出。

总而言之，民国以后的三四十年占据训诂学舞台的，主要是章炳麟、黄侃以及他们的弟子。有人称他们为“章黄学派”。这一学派与乾嘉学派（尤其是皖派）有深刻的渊源关系。在治学方法和学风方面他们继承了清代朴学的精神，全面总结和吸收了清人音韵、训诂、文字等方面的研究成果。同时，他们也接受了现代科学思想的成果，从而成为延续近两千年的传统小学的殿军和完全扎根于汉语实际中的新的语言学说的开拓者。经他们之手，传统训诂学最终摆脱了经学的附庸地位而发展成为独立的、日益精密的理论体系。该派主要特点：一是强调充分继承前人在小学方面留下的丰富遗产，总结其成就，挖掘其精华，同时克服其理论性差、研究范围狭窄等弱点，力图使训诂学成为有系统理论的、建立在汉语实际基础上的、包括俗语词研究等广大领域在内的完整的学说体系。二是强调综合的治学方法，不仅打破音韵、文字、训诂的界限，采用多种手段来解决训诂实践中的问题，而且把训诂学和对古代礼俗、衣食住行、心理意识等的研究密切结合起来，深入探讨语言和社会文化的关系。三是强调训诂的实用性，使其直接为古书阅读、古籍整理、古代文学、史学、医学等多种学科服务。四是在学风方面强调朴实严谨，实事求是，反对主观臆测和徒发空论。

在考察这个时期的训诂学的时候，我们明显地看到中、西方学术理论和学术方法的融合。无论是章炳麟，还是黄侃、沈兼士，虽然研治国学，却或多或少地以西学为利器并取得了很大成功。章氏首创语根及形声字孳乳次第的研究，沟通古今语变，使长期附庸于经学的小学一跃而成为一种有独立精神的语言文字学，如果没有西方学术思想的意识，这是不可想象的。沈兼士的语源学能有这么大的成就，也在很大程度上得力于历史比较语源学。可以说，正是中西学术的融合使传统的训诂学有了突破。

以上我们对训诂学史作了一个简略的描述。也许有读者要问：训诂学在今天究竟有什么价值？这个问题提得好。训诂学在中国绵延发展了几千年，虽然屡经挫折，却始终没有衰亡，其重要原因之一，就是这门学科有其独特的价值。在今天，它的价值主要体现在以下几个方面：其一，可以帮助我们读懂古书，了解和研究古代社会及其科学文化。阅读古籍是了解中国古代文化的重要途径，如果没有一定的训诂学修养，那么要想读懂古籍是不可能的。事实上，训诂学在今天的应用已大大超出了文史哲的范围，在中国法制史、科技史、古医学、古农学、古天文学等领域的研究中也都广泛应用了训诂学知识。同时，古籍整理和校注如果离开了训诂学知识是不可想象的。其二，辞书编纂和修订离不开训诂学。近年来，中国辞书编纂和修订取得了很大成绩，不仅出版数量可观，佳作也不少。辞书编纂如果离开了训诂学，是无法进行的。譬如释义的方式方法，词义系统的分析整理，义项的归纳等等，既是辞书编纂的基本工作，也是训诂学的重要内容。可以肯定，如果训诂学水平提高了，那么我们的辞书编纂水平还可以跃上一个新台阶。其三，训诂学的许多成果可以丰富普通语言学的理论。多年来，我们的训诂学研究取得了很大的成绩，在词义学、语用学等领域都有不少创见，这些成果由于立足于汉语研究，因而富有特色，对普通语言学的研究是有借鉴价值的。其四，便于规范汉语言文字的读、写、用。现在语言文字应用不规范的现象屡有发生，尤其是写错别字、念白字的现象十分常见。究其原因，在很大程度上是由于对汉语的文字、词汇的发展、变化情况不够明了造成的。如果我们对文字的形、音、义及其发展情况有一个较为透彻的了解，对汉语词汇的发展有更多的了解，那么，写错别字、念白字的情况就会大大减少，有利于语言文字规范化工作的进行。

在回顾训诂学发展史的时候，我们也会很容易想起这样一个问题：训诂学在今天如何发扬光大？

要解决好这个问题，有几个方面是必须注意的。一是必须注意继承前人的成果。训诂学的成果极为丰富，如果我们不注意继承，那么我们的研究就是无源之水，无本之木，就不可能有更大的发展。当然，我们讲继承，不是简单地继承乾嘉，不顾汉唐，而是全面地继承，只要对我们有用的，都不应拒绝。二是运用科学的方法，使其理论化、系统化，发展成为一门具有汉民族特点的语义科学。缺乏一个比较系统、完整的训诂学理论体系一直是传统训诂学自身的弱点，这个问题不解决，训诂学就很难发展到一个新的境界。事实上，这也是一门学科是否成熟的标志。三是必须吸收、借鉴邻近学科、边缘学科的新成果及研究方法。任何学科都不应该、也不可能是封闭型的，其实在训诂学的发展史上，吸收其他学科，包括国外的学术营养以促进自己产生新的飞跃的事例，屡见不鲜。我们有必要借鉴西方语言学尤其是词义学的理论以及自然科学的一些方法，有必要吸收普通语言学的研究成果，有必要借鉴民俗学、文化学的最新成果。如能这样，我们的训诂学研究必将有一个更加辉煌的明天。

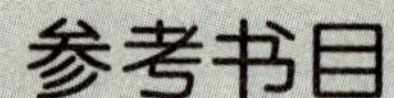

参考书目

1. 陆宗达:《训诂简论》,北京出版社,1980。

2. 萧　璋:《文字训诂论集》,语文出版社,1994。

3. 李建国:《汉语训诂学史》,安徽教育出版社,1986。

4. 范文澜:《范文澜历史论文选集》,中国社会科学出版社,1979。

5. 杨端志:《训诂学》,山东文艺出版社,1985。

6. 皮锡瑞:《经学历史》,中华书局,1959。

《中国史话》总目录

系列名	序号	书名	作者
物质文明系列（10种）	1	农业科技史话	李根蟠
	2	水利史话	郭松义
	3	蚕桑丝绸史话	刘克祥
	4	棉麻纺织史话	刘克祥
	5	火器史话	王育成
	6	造纸史话	张大伟　曹江红
	7	印刷史话	罗仲辉
	8	矿冶史话	唐际根
	9	医学史话	朱建平　黄　健
	10	计量史话	关增建
物化历史系列（28种）	11	长江史话	卫家雄　华林甫
	12	黄河史话	辛德勇
	13	运河史话	付崇兰
	14	长城史话	叶小燕
	15	城市史话	付崇兰
	16	七大古都史话	李遇春　陈良伟
	17	民居建筑史话	白云翔
	18	宫殿建筑史话	杨鸿勋
	19	故宫史话	姜舜源
	20	园林史话	杨鸿勋
	21	圆明园史话	吴伯娅
	22	石窟寺史话	常　青
	23	古塔史话	刘祚臣
	24	寺观史话	陈可畏

系列名	序号	书名	作者
物化历史系列（28种）	25	陵寝史话	刘庆柱　李毓芳
	26	敦煌史话	杨宝玉
	27	孔庙史话	曲英杰
	28	甲骨文史话	张利军
	29	金文史话	杜　勇　周宝宏
	30	石器史话	李宗山
	31	石刻史话	赵　超
	32	古玉史话	卢兆荫
	33	青铜器史话	曹淑芹　殷玮璋
	34	简牍史话	王子今　赵宠亮
	35	陶瓷史话	谢端琚　马文宽
	36	玻璃器史话	安家瑶
	37	家具史话	李宗山
	38	文房四宝史话	李雪梅　安久亮
制度、名物与史事沿革系列（20种）	39	中国早期国家史话	王　和
	40	中华民族史话	陈琳国　陈　群
	41	官制史话	谢保成
	42	宰相史话	刘晖春
	43	监察史话	王　正
	44	科举史话	李尚英
	45	状元史话	宋元强
	46	学校史话	樊克政
	47	书院史话	樊克政
	48	赋役制度史话	徐东升

系列名	序 号	书 名	作 者
制度、名物与史事沿革系列（20种）	49	军制史话	刘昭祥　王晓卫
	50	兵器史话	杨　毅　杨　泓
	51	名战史话	黄朴民
	52	屯田史话	张印栋
	53	商业史话	吴　慧
	54	货币史话	刘精诚　李祖德
	55	宫廷政治史话	任士英
	56	变法史话	王子今
	57	和亲史话	宋　超
	58	海疆开发史话	安　京
交通与交流系列（13种）	59	丝绸之路史话	孟凡人
	60	海上丝路史话	杜　瑜
	61	漕运史话	江太新　苏金玉
	62	驿道史话	王子今
	63	旅行史话	黄石林
	64	航海史话	王　杰　李宝民　王　莉
	65	交通工具史话	郑若葵
	66	中西交流史话	张国刚
	67	满汉文化交流史话	定宜庄
	68	汉藏文化交流史话	刘　忠
	69	蒙藏文化交流史话	丁守璞　杨恩洪
	70	中日文化交流史话	冯佐哲
	71	中国阿拉伯文化交流史话	宋　岘

系列名	序 号	书 名	作 者
思想学术系列（21种）	72	文明起源史话	杜金鹏　焦天龙
	73	汉字史话	郭小武
	74	天文学史话	冯　时
	75	地理学史话	杜　瑜
	76	儒家史话	孙开泰
	77	法家史话	孙开泰
	78	兵家史话	王晓卫
	79	玄学史话	张齐明
	80	道教史话	王　卡
	81	佛教史话	魏道儒
	82	中国基督教史话	王美秀
	83	民间信仰史话	侯　杰
	84	训诂学史话	周信炎
	85	帛书史话	陈松长
	86	四书五经史话	黄鸿春
	87	史学史话	谢保成
	88	哲学史话	谷　方
	89	方志史话	卫家雄
	90	考古学史话	朱乃诚
	91	物理学史话	王　冰
	92	地图史话	朱玲玲

系列名	序号	书名	作者
文学艺术系列（8种）	93	书法史话	朱守道
	94	绘画史话	李福顺
	95	诗歌史话	陶文鹏
	96	散文史话	郑永晓
	97	音韵史话	张惠英
	98	戏曲史话	王卫民
	99	小说史话	周中明　吴家荣
	100	杂技史话	崔乐泉
社会风俗系列（13种）	101	宗族史话	冯尔康　阎爱民
	102	家庭史话	张国刚
	103	婚姻史话	张　涛　项永琴
	104	礼俗史话	王贵民
	105	节俗史话	韩养民　郭兴文
	106	饮食史话	王仁湘
	107	饮茶史话	王仁湘　杨焕新
	108	饮酒史话	袁立泽
	109	服饰史话	赵连赏
	110	体育史话	崔乐泉
	111	养生史话	罗时铭
	112	收藏史话	李雪梅
	113	丧葬史话	张捷夫

系列名	序号	书名	作者
近代政治史系列（28种）	114	鸦片战争史话	朱谐汉
	115	太平天国史话	张远鹏
	116	洋务运动史话	丁贤俊
	117	甲午战争史话	寇　伟
	118	戊戌维新运动史话	刘悦斌
	119	义和团史话	卞修跃
	120	辛亥革命史话	张海鹏　邓红洲
	121	五四运动史话	常丕军
	122	北洋政府史话	潘　荣　魏又行
	123	国民政府史话	郑则民
	124	十年内战史话	贾　维
	125	中华苏维埃史话	温　锐　刘　强
	126	西安事变史话	李义彬
	127	抗日战争史话	荣维木
	128	陕甘宁边区政府史话	刘东社　刘全娥
	129	解放战争史话	朱宗震　汪朝光
	130	革命根据地史话	马洪武　王明生
	131	中国人民解放军史话	荣维木
	132	宪政史话	徐辉琪　付建成
	133	工人运动史话	唐玉良　高爱娣
	134	农民运动史话	方之光　龚　云
	135	青年运动史话	郭贵儒
	136	妇女运动史话	刘　红　刘光永
	137	土地改革史话	董志凯　陈廷煊
	138	买办史话	潘君祥　顾柏荣
	139	四大家族史话	江绍贞
	140	汪伪政权史话	闻少华
	141	伪满洲国史话	齐福霖

系列名	序号	书名	作者
近代经济生活系列（17种）	142	人口史话	姜　涛
	143	禁烟史话	王宏斌
	144	海关史话	陈霞飞　蔡渭洲
	145	铁路史话	龚　云
	146	矿业史话	纪　辛
	147	航运史话	张后铨
	148	邮政史话	修晓波
	149	金融史话	陈争平
	150	通货膨胀史话	郑起东
	151	外债史话	陈争平
	152	商会史话	虞和平
	153	农业改进史话	章　楷
	154	民族工业发展史话	徐建生
	155	灾荒史话	刘仰东　夏明方
	156	流民史话	池子华
	157	秘密社会史话	刘才赋
	158	旗人史话	刘小萌
近代中外关系系列（13种）	159	西洋器物传入中国史话	隋元芬
	160	中外不平等条约史话	李育民
	161	开埠史话	杜　语
	162	教案史话	夏春涛
	163	中英关系史话	孙　庆

系列名	序号	书名	作者
近代中外关系系列（13种）	164	中法关系史话	葛夫平
	165	中德关系史话	杜继东
	166	中日关系史话	王建朗
	167	中美关系史话	陶文钊
	168	中俄关系史话	薛衔天
	169	中苏关系史话	黄纪莲
	170	华侨史话	陈　民　任贵祥
	171	华工史话	董丛林
近代精神文化系列（18种）	172	政治思想史话	朱志敏
	173	伦理道德史话	马　勇
	174	启蒙思潮史话	彭平一
	175	三民主义史话	贺　渊
	176	社会主义思潮史话	张　武　张艳国　喻承久
	177	无政府主义思潮史话	汤庭芬
	178	教育史话	朱从兵
	179	大学史话	金以林
	180	留学史话	刘志强　张学继
	181	法制史话	李　力
	182	报刊史话	李仲明
	183	出版史话	刘俐娜
	184	科学技术史话	姜　超

系列名	序号	书名	作者
近代精神文化系列（18种）	185	翻译史话	王晓丹
	186	美术史话	龚产兴
	187	音乐史话	梁茂春
	188	电影史话	孙立峰
	189	话剧史话	梁淑安
近代区域文化系列（11种）	190	北京史话	果鸿孝
	191	上海史话	马学强　宋钻友
	192	天津史话	罗澍伟
	193	广州史话	张　磊　张　苹
	194	武汉史话	皮明庥　郑自来
	195	重庆史话	隗瀛涛　沈松平
	196	新疆史话	王建民
	197	西藏史话	徐志民
	198	香港史话	刘蜀永
	199	澳门史话	邓开颂　陆晓敏　杨仁飞
	200	台湾史话	程朝云

《中国史话》主要编辑出版发行人

总 策 划	谢寿光　王　正
执行策划	杨　群　徐思彦　宋月华
	梁艳玲　刘晖春　张国春
统　　筹	黄　丹　宋淑洁
设计总监	孙元明
市场推广	蔡继辉　刘德顺　李丽丽
责任印制	岳　阳